# La poésie sous toutes ses formes

Anthologie, dossier et notes réalisés par
**Marianne Chomienne**

Lecture d'image par
**Pierre-Olivier Douphis**

folioplus
classiques

**Marianne Chomienne** est agrégée de lettres modernes, professeur au collège Jean Charcot à Saint-Malo. Elle a rédigé plusieurs dossiers pour les Éditions Gallimard et Belin, notamment ceux, en « Folioplus classiques », du *Lion* de Joseph Kessel, de *Ravage* de René Barjavel et de *Faire un prisonnier* de Blaise Cendrars.

**Pierre-Olivier Douphis** est docteur en histoire de l'art contemporain de l'Université Paris IV-Sorbonne. Il a écrit des articles dans la *Gazette des Beaux-Arts*, le *Bulletin du Musée Ingres*, le *Musée critique de la Sorbonne*. Il est cofondateur de la revue en ligne *Textimage*.

# Sommaire

*La poésie
sous toutes ses formes*

*Jouer avec le mot*

PAUL ANDRÉ

*L'enfance lucide, une centaine de poèmes inédits pour les jeunes d'aujourd'hui* (1989)

(Unimuse Tournai)


# En breton...

En breton, pour dire «La jument blanche»,
on dit: «Ar gazeg wenn».
En arabe on dit: «El fâras lè bêda».
En anglais, on dit: «The white mare».
En esquimau, on ne dit rien parce que chez eux
il n'y a pas de juments blanches.
En espagnol, on dit: «La yegua blanca».
En flamand, on dit: «De witte merrie».


Comme vous pouvez le voir, toutes ces juments
sont très différentes.


Mais ce sont toutes des juments blanches.

## DICK ANNEGARN

*Paroles* (2011)

(Éditions Le Mot et le reste)

### Le saule...

Saoule le saule
Qui saoule la Marne
Qui marne le saule
Souille la vague
Qui va à la vase
De ton tronc d'eau

      L'eau lave l'eau, lave l'eau, lave l'air
      Saule pleureur, saule pleure

Houle des hanches
les hanches de branches
Tes branches de fleurs
Voue à la voile
Atoll d'étoiles
Tes larmes de pleurs

      L'eau lave l'eau, lave l'eau, lave l'air
      Saule pleureur, saule pleure

Voûte t'épaule
Pieuvre de gaule
Pieuvre de bois
Bois le calice
Calice propice
Aux ombres d'eau


L'eau lave l'eau, lave l'eau, lave l'air
Saule pleureur, saule pleure

MICHEL BUTOR
*À la frontière* (1996)
(Éditions de la Différence)

## Lectures Transatlantiques

Ramper avec le serpent
se glisser parmi les lignes
rugir avec la panthère
interpréter moindre signe
se prélasser dans les sables
se conjuguer dans les herbes
fleurir de toute sa peau

Plonger avec le dauphin
naviguer de phrase en phrase
goûter le sel dans les voiles
aspirer dans le grand vent
la guérison des malaises
interroger l'horizon
sur la piste d'Atlantides

Se sentir pousser des ailes
adapter masques et rôles
planer avec le condor
se faufiler dans les ruines
caresser des chevelures
brûler dans tous les héros
s'éveiller s'émerveiller

## DAVID DUMORTIER

*Cligne-musette, poèmes diminutifs et gymnastiques*
(2008)

(Cheyne éditeur)

## Couverture

Le mot est long mais il vaut mieux, autrement, on attraperait froid aux pieds ou à la gorge. Avec un simple couvert, ce serait trop court et on serait obligé de choisir là où on veut avoir froid. Un choix peu agréable. Couverture donc. On est couché dessous, bien emmitouflé du cou à la verture.

— C'est quoi une verture ?

— Tais-toi, je dors !

**GUILLEVIC**
*Étier* (1979)
(Poésie/Gallimard)

## Image

Sous les herbes,
ça se cajole,
ça s'ébouriffe et se tripote,
ça s'étripe et se désélytre,
ça s'entregrouille et s'entrefouille,
ça s'écrabouille et se barbouille,
ça se chatouille et se dépouille,
ça se mouille et se déverrouille,
ça se dérouille et se farfouille,
ça s'épouille et se tripatouille.
Et du calme le pré
Est la classique image.

## CLAUDE GUILLOT
*Carte postale*
(Castor Astral)

## Pour apprendre aux enfants l'usage des gros mots

Prenez un gros mot: **éléphant**
et découpez-le en rondelles
regardez ce qu'il y a dedans
il y a **aile** il y a **faon**
et le total c'est aile et faon
mais direz-vous c'est étonnant
les éléphants ont-ils des ailes
les éléphants ont-ils des faons
non les éléphants n'ont pas d'ailes
puisqu'ils voyagent en avion
et ils n'ont pas non plus de faons
mais ils ont des petits enfants
on les appelle éléphanteaux
ils ne vont jamais à l'école
mais ils vont parfois au zoo
et comme ce n'est pas très drôle
ils rêvent derrière les barreaux
ils voudraient dire des gros mots
comme **gardien** par exemple
il y a **gare** il y a **dien**
gare c'est d'où partent les trains
mais dien qu'est-ce que ça veut dire

gardien c'est un mot qui existe
mais gardien ça ne veut rien dire
et c'est pour cela qu'ils sont tristes

HENRI MICHAUX
*Qui je fus* (1927)
(Poésie/Gallimard)

## Le grand combat

Il l'emparouille et l'endosque contre terre ;
Il le rague et le roupéte jusqu'à son drâle ;
Il le pratéle et le libucque et lui baroufle les ouillais ;
Il le tocarde et le marmine,
Le manage rape à ri et ripe à ra.
Enfin il l'écorcobalisse.
L'autre hésite, s'espudrine, se défaisse, se torse et se ruine.
C'en sera bientôt fini de lui ;
Il se reprise et s'emmargine... mais en vain
Le cerveau tombe qui a tant roulé.
Abrah ! Abrah ! Abrah !
Le pied a failli !
Le bras a cassé !
Le sang a coulé !
Fouille, fouille, fouille,
Dans la marmite de son ventre est un grand secret.
Mégères alentours qui pleurez dans vos mouchoirs ;
On s'étonne, on s'étonne, on s'étonne
Et on vous regarde,
On cherche aussi, nous autres le Grand Secret.

**NORGE**

*La langue verte* (1954)

(Éditions Gallimard)

## Totaux

Ton temps têtu te tatoue
T'as-ti tout tu de tes doutes ?
T'as-ti tout dû de tes dettes ?
T'as-ti tout dit de tes dates ?
T'a-t-on tant ôté ta teinte ?
T'a-t-on donc dompté ton ton ?
T'as-ti tâté tout téton ?
T'as-ti tenté tout tutu ?
T'es-ti tant ? T'es-ti titan ?
T'es-ti toi dans tes totaux ?

Tatata, tu tus ton tout.

GEORGES PEREC
*Espèces d'espaces* (1974)
(Éditions Galilée)

## Déménager

Quitter un appartement. Vider les lieux. Décamper. Faire
   place nette. Débarrasser le plancher.
Inventorier ranger classer trier
Éliminer jeter fourguer
Casser
Brûler
Descendre desceller déclouer décoller dévisser décrocher
Débrancher détacher couper tirer démonter plier couper
Rouler
Empaqueter emballer sangler nouer empiler rassembler
   entasser ficeler envelopper protéger recouvrir entourer
   serrer.
Enlever porter soulever
Balayer
Fermer
Partir

FRANCIS PONGE
*La Rage de l'expression* (1976)
(Poésie/Gallimard)


## Notes prises pour un oiseau

L'oiseau. Les oiseaux. Il est probable que nous compre-
nons mieux les oiseaux depuis que nous fabriquons des
aéroplanes.

*Le mot* OISEAU : il contient *toutes les voyelles*. Très bien,
j'approuve. Mais, à la place de l's, comme seule consonne,
j'aurais préféré l'L de l'aile : OILEAU, ou le v du bréchet, le
v des ailes déployées, le v d'*avis* : OIVEAU. Le populaire dit
*zozio*. L's je vois bien qu'il ressemble au profil de l'oiseau au
repos. Et *oi* et *eau* de chaque côté de l's, ce sont les deux
gras filets de viande qui entourent le bréchet.

JACQUES PRÉVERT
*Fatras* (1966)
(Éditions Gallimard)

« Être ange... »

Être ange
c'est étrange
dit l'ange
Être âne
c'est étrâne
dit l'âne
Cela ne veut rien dire
dit l'ange en haussant les ailes
Pourtant
si étrange veut dire quelque chose
étrâne est plus étrange qu'étrange
dit l'âne
Étrange est
dit l'ange en tapant des pieds
Étranger vous-même
dit l'âne
Et il s'envole.

*Spectacle* (1949)
(Éditions Gallimard)

# Chant Song

Chant song
chant song
blue song
et oiseau bleu
blood sang
and bird oiseau
blue song red sang

Moon lune
chant song
rivière river
garden rêveur
petite house
little maison

Oh girl fille
oh yes je t'aime
oh oui love you
oh girl fille
oh flower girl
je t'aime tant

Chant song
chant song
bleu song
et oiseau bleu
blood sang
and bird oiseau
bleu song red sang
chant song
chant song

Oh girl fille
oh oui love you

Oh flower girl
children enfant
oh yes je t'aime
je t'aime tant

Moon lune
chant song
rivière rêveur
garden river
rêve dream
mer sea

t'aime tant
t'aime tant
time temps
time temps
time temps
time temps
et tant et tant

Thank you
moon lune
thank you
mer sea

et tant et tant
et tant
et temps.

Moon lune
chant song
rivière river
garden rêveur
children enfant
mer sea
time temps

*Soleil de nuit* (1980)
(Éditions Gallimard)

## Rencard des momies

Rencard des momies
mots mis au rencard
Le mot cœur moqueur
le mot tête moqué
le mot nu mental
mot-mot révolté
Le mot viscéral
enfin libéré
Plus bas que la ceinture
plus haut que la sainteté
Femme
le mot nu vrai
Fleur
le mot mû gai.

JACQUES ROUBAUD ET OLIVIER SALON

*Sardinosaures* (2008)

(Maison de l'OuLiPo)

## Les colibriques

Tous les matins je descends dans mon jardin

Il est entouré d'un mur rouge, rouge, de deux mètres de haut

Quand je m'approche du mur avec mon arrosoir on entend des pépiements

Des pépiements, des pépiements, et des claquements de bec

Des plumes éclatantes vertes, vertes, sortent du mur rouge, rouge

De mon arrosoir je verse du nectar de fleur dans chaque bec

De mon mur bâti en colibriques

JEAN TARDIEU

*Formeries* (1976)

(Poésie/Gallimard)


## Participes

Enfui
transmis
jeté
perdu.

Noyé
sauvé
surgi
promis.

Flétri
caché
nié
repris.

Tombé
frappé
brisé
brûlé.

Décomposé.

BORIS VIAN

*Je voudrais pas crever* (1962)

(Éditions Fayard)

## « Si j'étais pohéteû... »

Si j'étais pohéteû
Je serais ivrogneû
J'aurais un nez rougeû
Une grande boîteû
Où j'empilerais
Plus de cent sonnais
Où j'empilerais
Mon œuvre complait

*Jouer avec le vers*

**BLAISE CENDRARS**

*Du monde entier au cœur du monde* (1947)

(Éditions Denoël)


Îles

Îles
Îles
Îles où l'on ne prendra jamais terre
Îles où l'on ne descendra jamais
Îles couvertes de végétations
Îles tapies comme des jaguars
Îles muettes
Îles immobiles
Îles inoubliables et sans nom
Je lance mes chaussures par-dessus bord car je voudrais
    bien aller jusqu'à vous

## FRANCIS DANNEMARK

*Une fraction d'éternité* (2005)

(Le Castor Astral)

### « Dans les vociférations... »

Dans les vociférations des fous de guerre,
dans le cliquetis assourdissant de l'or,
dans le vacarme vaniteux des marchands,
dans le hurlement des sirènes ambulancières,

dans le tintamarre croassant des politiciens,
dans le tumulte des écrans petits et grands,
dans les tempêtes rhétoriques des théologiens,
dans le silence terrifiant de l'amour absent,

essayer,
au moins une fois,
la petite voix d'un poème.

## ROBERT DESNOS

*Les portes battantes* (1942)

(Poésie/Gallimard)

## Il était une feuille

Il était une feuille avec ses lignes
Ligne de vie
Ligne de chance
Ligne de cœur
Il était une branche au bout de la feuille
Ligne fourchue signe de vie
Signe de chance
Signe de cœur
Il était un arbre au bout de la branche
Un arbre digne de vie
Digne de chance
Digne de cœur
cœur gravé, percé, transpercé,
Un arbre que nul jamais ne vit.
Il était des racines au bout de l'arbre
Racines vignes de vie
Vignes de chance
Vignes de cœur
Au bout des racines il était la terre
La terre tout court
La terre toute ronde
La terre toute seule au travers du ciel
La terre.

| JEAN-PIERRE CLARIS DE FLORIAN

## Le grillon (1802)

Un pauvre petit grillon
Caché dans l'herbe fleurie
Regardait un papillon
Voltigeant dans la prairie.
L'insecte ailé brillait des plus vives couleurs ;
L'azur, la pourpre et l'or éclataient sur ses ailes ;
Jeune, beau, petit maître, il court de fleurs en fleurs,
Prenant et quittant les plus belles.
Ah ! disait le grillon, que son sort et le mien
Sont différents ! Dame nature
Pour lui fit tout, et pour moi rien.
Je n'ai point de talent, encor moins de figure.
Nul ne prend garde à moi, l'on m'ignore ici-bas :
Autant vaudrait n'exister pas.
Comme il parlait, dans la prairie
Arrive une troupe d'enfants :
Aussitôt les voilà courants
Après ce papillon dont ils ont tous envie.
Chapeaux, mouchoirs, bonnets, servent à l'attraper ;
L'insecte vainement cherche à leur échapper,
Il devient bientôt leur conquête.
L'un le saisit par l'aile, un autre par le corps ;
Un troisième survient, et le prend par la tête :

Il ne fallait pas tant d'efforts
Pour déchirer la pauvre bête.
Oh! oh! dit le grillon, je ne suis plus fâché;
Il en coûte trop cher pour briller dans le monde.
Combien je vais aimer ma retraite profonde!
Pour vivre heureux, vivons caché.

| VICTOR HUGO

## Fenêtres ouvertes (1877)

Le matin — En dormant
J'entends des voix. Lueurs à travers ma paupière.
Une cloche est en branle à l'église Saint-Pierre.
Cris des baigneurs. Plus près ! plus loin ! non, par ici !
Non, par là ! Les oiseaux gazouillent. Jeanne aussi.
Georges l'appelle. Chant des coqs. Une truelle
Racle un toit. Des chevaux passent dans la ruelle.
Grincement d'une faux qui coupe le gazon.
Chocs. Rumeurs. Des couvreurs marchent sur la maison.
Bruits du port. Sifflement des machines chauffées.
Musique militaire arrivant par bouffées.
Brouhaha sur le quai. Voix françaises. Merci.
Bonjour. Adieu. Sans doute il est tard, car voici
Que vient tout près de moi chanter mon rouge-gorge.
Vacarme de marteaux lointains dans une forge.
L'eau clapote. On entend haleter un steamer.
Une mouche entre. Souffle immense de la mer.

# Les djinns (1829)

Murs, ville,
Et port,
Asile
De mort,
Mer grise
Où brise
La brise,
Tout dort.

Dans la plaine
Naît un bruit.
C'est l'haleine
De la nuit.
Elle brame
Comme une âme
Qu'une flamme
Toujours suit !

La voix plus haute
Semble un grelot.
D'un nain qui saute
C'est le galop.
Il fuit, s'élance,
Puis en cadence
Sur un pied danse
Au bout d'un flot.

La rumeur approche.
L'écho la redit.
C'est comme la cloche
D'un couvent maudit ;

Comme un bruit de foule,
Qui tonne et qui roule,
Et tantôt s'écroule,
Et tantôt grandit,

Dieu ! la voix sépulcrale
Des Djinns !... Quel bruit ils font !
Fuyons sous la spirale
De l'escalier profond.
Déjà s'éteint ma lampe,
Et l'ombre de la rampe,
Qui le long du mur rampe,
Monte jusqu'au plafond.

C'est l'essaim des Djinns qui passe,
Et tourbillonne en sifflant !
Les ifs, que leur vol fracasse,
Craquent comme un pin brûlant.
Leur troupeau, lourd et rapide,
Volant dans l'espace vide,
Semble un nuage livide
Qui porte un éclair au flanc.

Ils sont tout près ! — Tenons fermée
Cette salle, où nous les narguons.
Quel bruit dehors ! Hideuse armée
De vampires et de dragons !
La poutre du toit descellée
Ploie ainsi qu'une herbe mouillée,
Et la vieille porte rouillée
Tremble, à déraciner ses gonds !

Cris de l'enfer ! voix qui hurle et qui pleure !
L'horrible essaim, poussé par l'aquilon,

Sans doute, ô ciel ! s'abat sur ma demeure.
Le mur fléchit sous le noir bataillon.
La maison crie et chancelle penchée,
Et l'on dirait que, du sol arrachée,
Ainsi qu'il chasse une feuille séchée,
Le vent la roule avec leur tourbillon !

Prophète ! si ta main me sauve
De ces impurs démons des soirs,
J'irai prosterner mon front chauve
Devant tes sacrés encensoirs !
Fais que sur ces portes fidèles
Meure leur souffle d'étincelles,
Et qu'en vain l'ongle de leurs ailes
Grince et crie à ces vitraux noirs !

Ils sont passés ! — Leur cohorte
S'envole, et fuit, et leurs pieds
Cessent de battre ma porte
De leurs coups multipliés.
L'air est plein d'un bruit de chaînes,
Et dans les forêts prochaines
Frissonnent tous les grands chênes,
Sous leur vol de feu pliés !

De leurs ailes lointaines
Le battement décroît,
Si confus dans les plaines,
Si faible, que l'on croit
Ouïr la sauterelle
Crier d'une voix grêle,
Ou pétiller la grêle
Sur le plomb d'un vieux toit.

D'étranges syllabes
Nous viennent encor ;
Ainsi, des arabes
Quand sonne le cor,
Un chant sur la grève
Par instants s'élève,
Et l'enfant qui rêve
Fait des rêves d'or.

Les Djinns funèbres,
Fils du trépas,
Dans les ténèbres
Pressent leurs pas ;
Leur essaim gronde :
Ainsi, profonde,
Murmure une onde
Qu'on ne voit pas.

Ce bruit vague
Qui s'endort,
C'est la vague
Sur le bord ;
C'est la plainte,
Presque éteinte,
D'une sainte
Pour un mort.

On doute
La nuit...
J'écoute : —
Tout fuit,
Tout passe
L'espace
Efface
Le bruit.

## | JEAN DE LA FONTAINE

## La Cigale et la Fourmi (1668)

La cigale, ayant chanté
    Tout l'été
Se trouva fort dépourvue
Quand la bise fut venue :
Pas un seul petit morceau
De mouche ou de vermisseau.
Elle alla crier famine
Chez la fourmi sa voisine,
La priant de lui prêter
Quelque grain pour subsister
Jusqu'à la saison nouvelle.
« Je vous paierai, lui dit-elle,
Avant l'oût, foi d'animal,
Intérêt et principal. »
La fourmi n'est pas prêteuse :
C'est là son moindre défaut.
« Que faisiez-vous au temps chaud ?
Dit-elle à cette emprunteuse.
— Nuit et jour à tout venant
Je chantais, ne vous déplaise.
— Vous chantiez ? j'en suis fort aise :
Eh bien ! dansez maintenant. »

## Le Torrent et la Rivière (1678)

Avec grand bruit et grand fracas
Un torrent tombait des montagnes :
Tout fuyait devant lui ; l'horreur suivait ses pas ;
Il faisait trembler les campagnes.
Nul voyageur n'osait passer
Une barrière si puissante.
Un seul vit des voleurs, et se sentant presser,
Il mit entre eux et lui cette onde menaçante.
Ce n'était que menace, et bruit, sans profondeur ;
Notre homme enfin n'eut que la peur.
Ce succès lui donnant courage,
Et les mêmes voleurs le poursuivant toujours,
Il rencontra sur son passage
Une rivière dont le cours
Image d'un sommeil doux, paisible et tranquille,
Lui fit croire d'abord ce trajet fort facile :
Point de bords escarpés, un sable pur et net.
Il entre, et son cheval le met
À couvert des voleurs, mais non de l'onde noire :
Tous deux au Styx allèrent boire ;
Tous deux, à nager malheureux,
Allèrent traverser, au séjour ténébreux,
Bien d'autres fleuves que les nôtres.

Les gens sans bruit sont dangereux :
Il n'en est pas ainsi des autres.

RAYMOND QUENEAU
*L'Instant fatal* (1948)
(Poésie/Gallimard)

## Il pleut

Averse averse averse averse averse averse
pluie ô pluie ô pluie ô! ô pluie ô pluie ô pluie!
gouttes d'eau gouttes d'eau gouttes d'eau gouttes d'eau
parapluie ô parapluie ô paraverse ô!
paragouttes d'eau paragouttes d'eau de pluie
capuchons pèlerines et imperméables
que la pluie est humide et que l'eau mouille et mouille!
mouille l'eau mouille l'eau mouille l'eau mouille l'eau
et que c'est agréable agréable agréable!
d'avoir les pieds mouillés et les cheveux humides
tout humides d'averse et de pluie et de gouttes
d'eau de pluie et d'averse et sans un paragoutte
pour protéger les pieds et les cheveux mouillés
qui ne vont plus friser qui ne vont plus friser
à cause de l'averse à cause de la pluie
à cause de l'averse et des gouttes de pluie
des gouttes d'eau de pluie et des gouttes d'averse
cheveux désarçonnés cheveux sans parapluie

PIERRE REVERDY

*Plupart du temps* (1945)

(Poésie/Gallimard)


## Calme intérieur

                                  Tout est calme
Pendant l'hiver
                        Au soir quand la lampe s'allume
            À travers la fenêtre où on la voit courir
Sur le tapis des mains qui dansent
Une ombre au plafond se balance
                        On parle plus bas pour finir
Au jardin les arbres sont morts
Le feu brille
                        Et quelqu'un s'endort
            Des lumières contre le mur
Sur la terre une feuille glisse
      La nuit c'est le nouveau décor
Des drames sans témoin qui se passent dehors

| PAUL SCARRON

## Épître à monsieur Sarazin (1652)

Sarrasin,
Mon voisin,
Cher ami,
Qu'à demi
Je ne voi,
Dont, ma foi,
J'ai dépit
Un petit,
N'es-tu pas
Barrabas,
Basiris,
Phalaris,
Ganelon
Le félon,
De savoir
Mon manoir
Peu distant,
Et pourtant
De ne pas,
De ton pas
Ou de ceux
De tes deux
Chevaux gris

Mal nourris,
Y venir
Réjouir,
Par des dits
Ébaudits,
Un pauvret
Très maigret,
Au col tors,
Dont le corps
Tout tortu,
Tout bossu,
Suranné,
Décharné
Est réduit,
Jour et nuit,
À souffrir,
Sans guérir,
Des tourments
Véhéments ?
Si Dieu veut,
Qui tout peut,
Dès demain
Mal S. Main
Sur ta peau
Bien et beau
S'étendra
Et fera
Tout ton cuir
Convertir
En farcin.
Lors, mal sain
Et pourri,
Bien marri
Tu seras

Et verras
Si j'ai tort
D'être fort
En émoi
Contre toi.
Mais pourtant,
Repentant,
Si tu viens
Et te tiens
Un moment
Seulement
Avec nous,
Mon courroux
Finira,
*Et cætera.*

*Jouer avec les strophes*

# GUILLAUME APOLLINAIRE

## Le pont Mirabeau (1913)

Sous le pont Mirabeau coule la Seine
     Et nos amours
    Faut-il qu'il m'en souvienne
La joie venait toujours après la peine

    Vienne la nuit sonne l'heure
    Les jours s'en vont je demeure

Les mains dans les mains restons face à face
     Tandis que sous
    Le pont de nos bras passe
Des éternels regards l'onde si lasse

    Vienne la nuit sonne l'heure
    Les jours s'en vont je demeure

L'amour s'en va comme cette eau courante
     L'amour s'en va
    Comme la vie est lente
Et comme l'Espérance est violente

    Vienne la nuit sonne l'heure
    Les jours s'en vont je demeure

Passent les jours et passent les semaines
       Ni temps passé
     Ni les amours reviennent
Sous le pont Mirabeau coule la Seine

Vienne la nuit sonne l'heure
Les jours s'en vont je demeure

## | CHARLES BAUDELAIRE

### L'invitation au voyage (1857)

Mon enfant, ma sœur,
Songe à la douceur
D'aller là-bas vivre ensemble !
Aimer à loisir,
Aimer et mourir
Au pays qui te ressemble !
Les soleils mouillés
De ces ciels brouillés
Pour mon esprit ont les charmes
Si mystérieux
De tes traîtres yeux,
Brillant à travers leurs larmes.

Là, tout n'est qu'ordre et beauté,
Luxe, calme et volupté.

Des meubles luisants,
Polis par les ans,
Décoreraient notre chambre ;
Les plus rares fleurs
Mêlant leurs odeurs
Aux vagues senteurs de l'ambre,
Les riches plafonds,

Les miroirs profonds,
La splendeur orientale,
Tout y parlerait
À l'âme en secret
Sa douce langue natale.

Là, tout n'est qu'ordre et beauté,
Luxe, calme et volupté.

Vois sur ces canaux
Dormir ces vaisseaux
Dont l'humeur est vagabonde ;
C'est pour assouvir
Ton moindre désir
Qu'ils viennent du bout du monde.
— Les soleils couchants
Revêtent les champs,
Les canaux, la ville entière,
D'hyacinthe et d'or ;
Le monde s'endort
Dans une chaude lumière.

Là, tout n'est qu'ordre et beauté,
Luxe, calme et volupté.

| TRISTAN CORBIÈRE

## Sonnet avec la manière de s'en servir (1873)

*Réglons notre papier et formons bien nos lettres :*

Vers filés à la main et d'un pied uniforme,
Emboîtant bien le pas, par quatre en peloton ;
Qu'en marquant la césure, un des quatre s'endorme...
Ça peut dormir debout comme soldats de plomb.

Sur le *railway* du Pinde et la ligne, la forme ;
Aux fils du télégraphe : — on en suit quatre, en long ;
À chaque pieu, la rime — exemple : *chloroforme.*
— Chaque vers est un fil, et la rime un jalon.

— Télégramme sacré — 20 mots. — Vite à mon aide.
(Sonnet — c'est un sonnet —) ô Muse d'Archimède !
— La preuve d'un sonnet est par l'addition :

— Je pose 4 et 4 = 8 ! Alors je procède,
En posant 3 et 3 ! — Tenons Pégase raide :
« Ô lyre ! Ô délire ! Ô... » — Sonnet — Attention !

*Pic de la Maladetta. Août.*

| MARCELINE DESBORDES-VALMORE

## Les roses de Saadi (1860)

J'ai voulu ce matin te rapporter des roses ;
Mais j'en avais tant pris dans mes ceintures closes
Que les nœuds trop serrés n'ont pu les contenir.

Les nœuds ont éclaté. Les roses envolées
Dans le vent, à la mer s'en sont toutes allées.
Elles ont suivi l'eau pour ne plus revenir ;

La vague en a paru rouge et comme enflammée.
Ce soir, ma robe encore en est tout embaumée…
Respires-en sur moi l'odorant souvenir.

| JOACHIM DU BELLAY

« Heureux qui, comme Ulysse… » (1558)

Heureux qui, comme Ulysse, a fait un beau voyage,
Ou comme celui-là qui conquit la toison,
Et puis est retourné, plein d'usage et raison,
Vivre entre ses parents le reste de son âge !

Quand reverrai-je, hélas, de mon petit village
Fumer la cheminée, et en quelle saison
Reverrai-je le clos de ma pauvre maison,
Qui m'est une province, et beaucoup davantage ?

Plus me plaît le séjour qu'ont bâti mes aïeux,
Que des palais romains le front audacieux,
Plus que le marbre dur me plaît l'ardoise fine,

Plus mon Loir gaulois que le Tibre latin,
Plus mon petit Liré que le mont Palatin,
Et plus que l'air marin la douceur angevine.

## | JOSÉ MARIA DE HEREDIA

### Le bain (1893)

L'homme et la bête, tels que le beau monstre antique,
Sont entrés dans la mer, et nus, libres, sans frein,
Parmi la brume d'or de l'âcre pulvérin,
Sur le ciel embrasé font un groupe athlétique.

Et l'étalon sauvage et le dompteur rustique,
Humant à pleins poumons l'odeur du sel marin,
Se plaisent à laisser sur la chair et le crin
Frémir le flot glacé de la rude Atlantique.

La houle s'enfle, court, se dresse comme un mur
Et déferle. Lui crie. Il hennit, et sa queue
En jets éblouissants fait rejaillir l'eau bleue ;

Et, les cheveux épars, s'effarant dans l'azur,
Ils opposent, cabrés, leur poitrail noir qui fume,
Au fouet échevelé de la fumante écume.

## | GÉRARD DE NERVAL

### Le réveil en voiture (1835)

Voici ce que je vis : Les arbres sur ma route
Fuyaient mêlés, ainsi qu'une armée en déroute ;
Et sous moi, comme ému par les vents soulevés,
Le sol roulait des flots de glèbe et de pavés !

Des clochers conduisaient parmi les plaines vertes
Leurs hameaux aux maisons de plâtre, recouvertes
En tuiles, qui trottaient ainsi que des troupeaux
De moutons blancs, marqués en rouge sur le dos !

Et les monts enivrés chancelaient : la rivière
Comme un serpent boa, sur la vallée entière
Étendu, s'élançait pour les entortiller...
— J'étais en poste, moi, venant de m'éveiller !

## JACQUES PRÉVERT
*Paroles* (1949)
(Éditions Gallimard)

## Chasse à l'enfant

*À Marianne Oswald*

Bandit ! Voyou ! Voleur ! Chenapan !

Au-dessus de l'île on voit des oiseaux
Tout autour de l'île il y a de l'eau

Bandit ! Voyou ! Voleur ! Chenapan !

Qu'est-ce que c'est que ces hurlements

Bandit ! Voyou ! Voleur ! Chenapan !

C'est la meute des honnêtes gens
Qui fait la chasse à l'enfant

Il avait dit J'en ai assez de la maison de redressement
Et les gardiens à coup de clefs lui avaient brisé les dents
Et puis ils l'avaient laissé sur le ciment

Bandit ! Voyou ! Voleur ! Chenapan !

Maintenant il s'est sauvé
Et comme une bête traquée

Il galope dans la nuit
Et tous galopent après lui
Les gendarmes les touristes les rentiers les artistes

Bandit ! Voyou ! Voleur ! Chenapan !

C'est la meute des honnêtes gens
Qui fait la chasse à l'enfant
Pour chasser l'enfant pas besoin de permis
Tous les braves gens s'y sont mis
Qu'est-ce qui nage dans la nuit
Quels sont ces éclairs ces bruits
C'est un enfant qui s'enfuit
On tire sur lui à coups de fusil

Bandit ! Voyou ! Voleur ! Chenapan !

Tous ces messieurs sur le rivage
Sont bredouilles et verts de rage

Bandit ! Voyou ! Voleur ! Chenapan !

Rejoindras-tu le continent rejoindras-tu le continent

Au-dessus de l'île il y a des oiseaux
Tout autour de l'île il y a de l'eau

| ARTHUR RIMBAUD

## Les effarés (1870)

Noirs dans la neige et dans la brume,
Au grand soupirail qui s'allume,
    Leurs culs en rond,

À genoux, cinq petits, — misère ! —
Regardent le boulanger faire
    Le lourd pain blond...

Ils voient le fort bras blanc qui tourne
La pâte grise, et qui l'enfourne
    Dans un trou clair.

Ils écoutent le bon pain cuire.
Le boulanger au gras sourire
    Chante un vieil air.

Ils sont blottis, pas un ne bouge,
Au souffle du soupirail rouge,
    Chaud comme un sein.

Quand, pour quelque médianoche,
Façonné comme une brioche,
    On sort le pain,

Quand, sous les poutres enfumées,
Chantent les croûtes parfumées,
    Et les grillons,

Quand ce trou chaud souffle la vie
Ils ont leur âme si ravie,
    Sous leurs haillons,

Ils se ressentent si bien vivre,
Les pauvres Jésus pleins de givre,
    Qu'ils sont là, tous,

Collant leurs petits museaux roses
Au grillage, grognant des choses
    Entre les trous,

Tout bêtes, faisant leurs prières,
Et repliés vers ces lumières
    Du ciel rouvert,

Si fort, qu'ils crèvent leur culotte,
Et que leur chemise tremblote
    Au vent d'hiver...

| PIERRE DE RONSARD

## Sur la mort de Marie (1578)

Comme on voit sur la branche au mois de Mai la rose
En sa belle jeunesse, en sa première fleur
Rendre le ciel jaloux de sa vive couleur,
Quand l'Aube de ses pleurs au point du jour l'arrose:

La grâce dans sa feuille, et l'amour se repose,
Embaumant les jardins et les arbres d'odeur:
Mais battue ou de pluie, ou d'excessive ardeur,
Languissante elle meurt feuille à feuille déclose:

Ainsi en ta première et jeune nouveauté,
Quand la terre et le ciel honoraient ta beauté,
La Parque t'a tuée, et cendre tu reposes.

Pour obsèques reçois mes larmes et mes pleurs,
Ce vase plein de lait, ce panier plein de fleurs,
Afin que vif, et mort, ton corps ne soit que roses.

| PAUL VERLAINE

## Chanson d'automne (1866)

Les sanglots longs
Des violons
De l'automne
Blessent mon cœur
D'une langueur
Monotone.

Tout suffocant
Et blême, quand
Sonne l'heure,
Je me souviens
Des jours anciens
Et je pleure ;

Et je m'en vais
Au vent mauvais
Qui m'emporte
Deçà, delà,
Pareil à la
Feuille morte.

*Jouer avec la forme*

| GUILLAUME APOLLINAIRE

## Poème du 9 février 1915

Reconnais-toi
Cette adorable personne c'est toi
sous le grand chapeau canotier
voici l'Oeil
le nez
ta bouche
l'ovale de ta figure
ton cou exquis
voici enfin l'imparfaite image
de ton buste adoré vu comme
à travers un nuage
un peu plus bas c'est ton coeur qui bat

# Il pleut (1918)

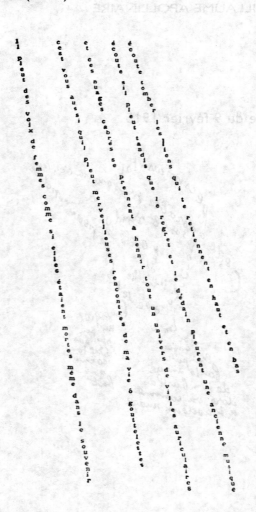

il pleut des voix de femmes comme si elles étaient mortes même dans le souvenir

c'est vous aussi qu'il pleut merveilleuses rencontres de ma vie ô gouttelettes

et ces nuages cabrés se prennent à hennir tout un univers de villes auriculaires

écoute s'il pleut tandis que le regret et le dédain pleurent une ancienne musique

écoute tomber les liens qui te retiennent en haut et en bas

« Salut monde… » (1918)

```
              S
              A
            LUT
              M
           O   N
            D
             E
          DONT
        JE SUIS
       LA LAN
         GUE   É
        LOQUEN
       TE QUESA
        BOUCHE
       O   PARIS
      TIRE ET TIRERA
     TOU        JOURS
    AUX          A  L
   LEM            ANDS
```

| CHARLES BAUDELAIRE

## L'étranger (1869)

— Qui aimes-tu le mieux, homme énigmatique, dis ? ton père, ta mère, ta sœur ou ton frère ?

— Je n'ai ni père, ni mère, ni sœur, ni frère.

— Tes amis ?

— Vous vous servez là d'une parole dont le sens m'est resté jusqu'à ce jour inconnu.

— Ta patrie ?

— J'ignore sous quelle latitude elle est située.

— La beauté ?

— Je l'aimerais volontiers, déesse et immortelle.

— L'or ?

— Je le hais comme vous haïssez Dieu.

— Eh ! qu'aimes-tu donc, extraordinaire étranger ?

— J'aime les nuages… les nuages qui passent… là-bas… là-bas… les merveilleux nuages !

# JACQUES CHARPENTREAU

*Paris des enfants* (1978)

(L'École des loisirs)

## Message de la ville en poésie

```
                                                         D
                                                         u  n      s
                                                         é  l      l
                                                         r  a      a
                                                         e  v      v
                                                         u  s      n
                                                         e  n      a
                                                         s  a      g
                                                            g      t
                                                         q  d      d
                                                         u  e      e
                                                         a  s      s
                                                         n  e      e
                                                         t  q      q
                                                         e  u      u
                                                         g  a      a
                                                         e  r      r
                                                         s  a      a
                                                         l  t      t
                                                         a  e      e
ville
haute                                    tour            é      t
masse                                    slan            g      a
poème                                    cées            e      v
autre                                    alas            s      i
tours                        vvvv        saut            l      l
toits                        iiii        dece            a      l
béton                        llll        jour            v      p
monte                        llll        comm            i      a
froid          Att           eeee        eles            l      r
glace          ent           arrà        lett            l      d
mince          ion           uiee        ress            s      e
vitre      Sivous            xrgx        urla            t      u
lisse      prenez            meap        page            o      s
jaime      lascen            ivrl        leci            i      l
larue      seurav            lieo        elpr            t      e
autos      eclesp            llvr        ison            s      t
motos      ritfar            elie        nier            n      o
vélos      ceuril            felr        desv            o      i
foule      appuie            eslm        itra     vaguesd s      t
lasse      rasuru            naeo        gesb     elafoulec d
toute      nbouto            ênpt        rise     ommebatla s i g
place      nquivo            tgoà        leso     houleconte c i
roule      usenve            rlèm        leil     relajetée l d
lente      rrasur            eomo        alen     sansjamai u d o
houle      Pluton            stet        tour     ssarrêter i g t
passe
etmoilesnéonsmeclignentdeloeillesmot
ssontenvitrinepourdéchiffrerlavillet
outeslesimagessanimentetvoilàquejepr
endsparlamainlapoesiequicourtlesrues
```

**BERNARD FRIOT**

*Mon cœur a des dents* (2009)

(Éditions Milan)

## « Vrai, je vais faire un poème... »

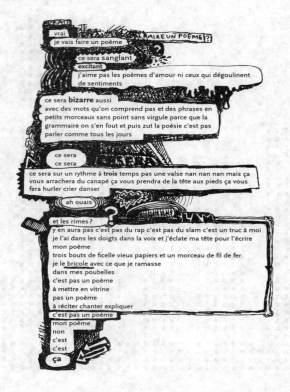

| PIERRE LOUŸS

## Chanson (1894)

Le premier me donna un collier, un collier de perles qui vaut une ville, avec les palais et les temples, et les trésors et les esclaves.

Le second fit pour moi des vers. Il disait que mes cheveux sont noirs comme ceux de la nuit sur la mer et mes yeux bleus comme ceux du matin.

Le troisième était si beau que sa mère ne l'embrassait pas sans rougir. Il mit ses mains sur mes genoux, et ses lèvres sur mon pied nu.

Toi, tu ne m'as rien dit. Tu ne m'as rien donné, car tu es pauvre. Et tu n'es pas beau, mais c'est toi que j'aime.

PIERRE REVERDY

*Plupart du temps* (1945)

(Poésie/Gallimard)


## En face

      Au bord du toit
        Un nuage danse
Trois gouttes d'eau pendent à
                    la gouttière
Trois étoiles
           Des diamants
Et vos yeux brillants qui regardent
      Le soleil derrière la vitre

              Midi

CLAUDE ROY
*À la lisière du temps* (1984)
(Poésie/Gallimard)

## Pluie

À l'orée du soir chuchote une pluie douce
Chaque goutte d'eau semble encore hésiter
puis s'enhardit   Les doigts nombreux de l'averse
tambourinent légèrement la terre qui avait soif

Renverser le visage   laisser la pluie ruisseler
sur le front les joues   boire les gouttes d'eau
fermer les yeux   et ne plus rien désirer d'autre

*Hôpital Marie Lannelongue, 6 juin 1983*

## Nuances

L'ombre d'un nuage
change la couleur
du champ de blé

Vert de vert campagne
puis vert d'océan calme

Le nuage est passé
La mer se retire

*Le Haut Bout, 4 juin 1983*

JEAN TARDIEU
*Formeries* (1976)
(Poésie/Gallimard)

## Verbe et matière

J'ai je n'ai pas
J'avais eu je n'ai plus
J'aurai toujours

> *Un béret Un cheval de bois Un
> jeu de construction Un père
> Une mère Les taches de soleil
> à travers les arbres Le chant du
> crapaud la nuit Les orages de
> septembre.*

J'avais je n'ai plus
Je n'aurai plus jamais

> *Le temps de grandir, de désirer.
> L'eau glacée tirée du puits Les
> fruits du verger Les œufs frais
> dans la paille. Le grenier La
> poussière Les images de femmes
> dans une revue légère Les gifles
> à l'heure du piano Le sein nu
> de la servante.*

Si j'avais eu
J'aurais encore

> La fuite nocturne dans les astres
> La bénédiction de l'espace
> L'adieu du monde à travers la
> clarté La fin de toute crainte
> de tout espoir L'aurore démas
> quée Tous les pièges détruits
> Le temps d'avant toutes choses.


*Monsieur Monsieur* (1951)
(Éditions Gallimard)

## Conversation

(Sur le pas de la porte, avec bonhomie)

Comment ça va sur la terre ?
— Ça va ça va, ça va bien.
Les petits chiens sont-ils prospères ?
— Mon Dieu oui merci bien.
Et les nuages ?
— Ça flotte.
Et les volcans ?
— Ça mijote.
Et les fleuves ?
— Ça s'écoule.
Et le temps ?
— Ça se déroule.
Et votre âme ?
— Elle est malade
le printemps était trop vert
elle a mangé trop de salade.

*Une forme fixe : le haïku*

# MATSUO BASHÔ (1644-1694)

(trad. C. Atlan et Z. Bianu)

Vieil étang —
au plongeon d'une grenouille
l'eau se brise

Sous la pluie d'été
raccourcissent
les pattes du héron

Aux admirateurs de la lune
les nuages parfois
offrent une pause

Pétrifiée
sous mon cheval —
mon ombre glacée !

## YOSA BUSON (1716-1783)
(trad. C. Atlan et Z. Bianu)

Le printemps qui s'éloigne
hésite
parmi les derniers cerisiers

Pluie de nacre
sur les tables —
les pruniers perdent leurs fleurs

Braises
sur le crottin —
les fleurs du prunier rouge

## KOBAYASHI ISSA (1763-1827)
(trad. C. Atlan et Z. Bianu)

Papillon qui bats des ailes
je suis comme toi —
poussière d'être !

Couvert de papillons
l'arbre mort
est en fleurs !

## OEMARU ÔTOMO (1719-1805)
(trad. C. Atlan et Z. Bianu)

À qui la poursuit
la luciole
offre sa lumière !

## RANKÔ TAKAKUWA (1726-1798)
(trad. C. Atlan et Z. Bianu)

Un seul bruit
au clair de lune —
la chute des camélias blancs

## RYÔTA ÔSHIMA (1718-1787)

(trad. C. Atlan et Z. Bianu)

Poursuivie
la luciole s'abrite
dans un rayon de lune

## MASAOKA SHIKI (1867-1902)

(trad. C. Atlan et Z. Bianu)

Des îles
des pins sur les îles
et le bruit frais du vent

## PAUL CLAUDEL

*Cent phrases pour éventail* (1942)

(Poésie/Gallimard)

« Entre le jour et la nuit... »

Entre
le
jour
et la
nuit

ce n'est pas encore
aujourd'hui

c'est        hier

**HUBERT HADDAD**
*Les Haïkus du peintre d'éventail* (2013)
(Éditions Zulma)

L'escargot en piste
gras funambule sur un pied
sa bave est son fil

Au cimetière
pattes de freux sur la neige —
encore des croix

Retour au pays
les aquarelles passées
reprennent couleur

Les coquelicots —
mouchoirs froissés du chemin
au vent des adieux

En dix-sept syllabes
l'essence même du rien
sans un mot de trop

## JACK KEROUAC
*Le Livre des haïku* (2003 — posthume)
(Éditions de La Table ronde)

Voici venir le papillon
de nuit, vers sa nocturne
Mort, sur ma lampe

Une longue île
dans le ciel
La Voie lactée

Au soleil
les ailes du papillon
Comme un vitrail d'église

New Haven en novembre
le chef bagagiste froidement
Néglige mon regard

**HISAJO SUGITA**

*Du rouge aux lèvres* (2008 — posthume)

(Éditions de La Table ronde)

Froid matinal.
Ma petite s'approche
quand j'allume le four.

Ma fille s'ennuie
à sa leçon d'écriture.
Je la laisse peler des fèves.

Clair de lune.
Sur une chaise en rotin
j'attends que mes cheveux sèchent.

Loin dans la montagne,
poursuivant un papillon,
je perds mon chemin.

# Glossaire des poètes

Paul ANDRÉ: poète belge (né en 1941 près de Tournai — 2008). Il a écrit en français et en picard.

Dick ANNEGARN: auteur, compositeur et interprète néerlandais (né à La Haye en 1952), il compose la plupart de ses chansons en français, mais aussi en anglais ou en néerlandais.

Guillaume APOLLINAIRE: poète et écrivain français (Rome, 1880 — Paris, 1918), figure de la modernité en poésie, précurseur du surréalisme et associé à de nombreuses avant-gardes artistiques de son temps. Il est l'auteur du recueil poétique *Alcools* (1913).

BASHÔ: prénom de plume de Matsuo Bashô, poète japonais du XVII<sup>e</sup> siècle (1644-1694), auteur de plus de deux mille haïkus.

Charles BAUDELAIRE: poète français (Paris, 1921 — Paris, 1867), précurseur de la modernité en poésie. Son recueil *Les Fleurs du mal* a fait scandale en 1857.

Yosa BUSON: poète et peintre japonais (1716-1783). Il renouvelle le genre du haïku au XVIII<sup>e</sup> siècle et l'accompagne souvent d'une peinture.

Michel BUTOR: écrivain français d'abord auteur de romans entre 1954 et 1960, lié au groupe du nouveau roman, puis poète et essayiste (né à Mons-en-Barœul en 1926).

Blaise CENDRARS: pseudonyme de Frédéric Louis Sauser, écrivain français d'origine suisse (La Chaux-de-Fonds, 1887 — Paris, 1961), romancier, poète et critique d'art tourné vers la modernité.

Jacques CHARPENTREAU: écrivain et poète français (né aux Sables-d'Olonne en 1928), auteur de poèmes mais aussi d'anthologies et d'essais sur l'écriture poétique.

Jean-Pierre CLARIS DE FLORIAN: écrivain français du XVIII<sup>e</sup> siècle

(Sauve, 1755 — Sceaux, 1794), auteur de fables, souvent comparé à Jean de La Fontaine.

Paul CLAUDEL : poète, dramaturge, essayiste et diplomate français (Villeneuve-sur-Fère, 1968 — Paris, 1955).

Tristan CORBIÈRE : poète français (Ploujean, 1845 — Ploujean, 1875), proche du symbolisme, considéré comme l'un des « poètes maudits », en opposition avec la société.

Francis DANNEMARK : écrivain belge francophone (né près de la frontière franco-belge en 1955), romancier et poète.

Marceline DESBORDES-VALMORE : poétesse française (Douai, 1786 — Paris, 1859), une des premières figures de la poésie romantique.

Robert DESNOS : poète français (Paris, 1900 — camp de concentration de Theresienstadt, 1945), il a participé au mouvement surréaliste.

Joachim DU BELLAY : poète français de la Renaissance (Liré, en Anjou, 1522 — Paris, 1560), membre de la Pléiade, attaché à la défense et au développement de la langue française.

David DUMORTIER : poète français (né en 1967), auteur de plusieurs recueils poétiques tournés vers les jeunes lecteurs publiés chez Cheyne éditeur.

Bernard FRIOT : écrivain et poète français (né près de Chartres en 1951), auteur de textes pour enfants et adolescents.

GUILLEVIC : poète français d'origine bretonne (Carnac 1905 — Paris 1997), auteur de vingt-cinq recueils entre 1942 et 1997.

Claude GUILLOT : poète français de la fin du XXe siècle, auteur d'un recueil aux Éditions du Castor Astral et traducteur de poètes anglais.

Hubert HADDAD : écrivain français (né à Tunis en 1947), auteur de romans, de poèmes et d'essais.

José Maria de HEREDIA : poète français d'origine cubaine (Santiago de Cuba, 1842 — Houdan, 1905), membre du Parnasse, auteur d'un unique recueil, *Les Trophées* (1893).

Victor HUGO : écrivain majeur de l'époque romantique (Besançon 1802 — Paris, 1885), il a composé dans tous les domaines de la littérature (roman, théâtre et poésie). Parmi ses œuvres les plus connues figurent *Les Misérables*, *Notre-Dame de Paris*, *Hernani* ou encore *Les Châtiments*.

Kobayashi ISSA : poète japonais (1763-1827). Il transforme le haïku en y insérant des sentiments plus personnels et une part d'auto-biographie.

Jack KEROUAC : écrivain et poète américain de la « Beat Genera-tion » (Massachussets, 1922 — Floride, 1969), auteur de *Sur la route*, récit autobiographique retraçant un voyage à l'intérieur des États-Unis.

Jean de LA FONTAINE : poète français du siècle de Louis XIV (Châ-teau-Thierry, 1621 — Paris, 1695), auteur de douze livres de fables.

Pierre LOUŸS : poète français d'origine belge (Gand, 1870 — Paris, 1925), figure du mouvement symboliste.

Henri MICHAUX : écrivain d'origine belge (Namur, 1899 — Paris, 1984), auteur de textes très variés (récits de voyages, poèmes en vers ou en prose, fables, journal) mais aussi de dessins et de peintures.

Gérard de NERVAL : pseudonyme de Gérard Labrunie, écrivain et poète français (Paris, 1808 — Paris, 1855), figure du roman-tisme.

NORGE : nom de plume de Georges Mogin (près de Bruxelles, 1898 — Mougins, 1990), poète belge francophone.

Ryôta ÔSHIMA : poète japonais du XVIIIe siècle (1718-1787).

Oemaru ÔTOMO : poète japonais du XVIIIe siècle (1719-1805).

Georges PEREC : écrivain français (Paris, 1936 — Ivry-sur-Seine, 1982), romancier, poète et créateur de mots croisés, membre de l'OuLiPo, grand amateur de l'écriture à contraintes (litté-raires ou mathématiques).

Francis PONGE : poète français (Montpellier, 1899 — Le Bar-sur-Loup, 1988), connu pour ses « poèmes-descriptions » des objets du monde quotidien. Il est l'auteur du *Parti pris des choses* (1942).

Jacques PRÉVERT : écrivain français (Neuilly-sur-Seine, 1900 — Omonville-la-Petite, 1977), auteur de pièces de théâtre, de scé-narios et de dialogues pour le cinéma et de très nombreux poèmes. Son premier recueil, *Paroles* (1946) est l'un des plus célèbres du XXe siècle.

Raymond QUENEAU : romancier et poète français (Le Havre, 1903

— Neuilly-sur-Seine, 1976), cofondateur de l'OuLiPo. Il est l'auteur de *Zazie dans le métro* (1959).

Pierre REVERDY : poète français (Narbonne, 1889 — Solesmes, 1960), associé au cubisme et au développement de la poésie moderne.

Arthur RIMBAUD : poète français (Charleville, 1854 — Marseille, 1891), penseur de la poésie comme « voyance », auteur précoce d'*Une saison en enfer* (1873) et des *Illuminations* (1886).

Pierre de RONSARD : poète français de la Renaissance (Vendômois, 1524 — Touraine, 1585), membre de la Pléiade.

Jacques ROUBAUD : poète, romancier, essayiste et mathématicien français (né à Caluire-et-Cuire en 1932), membre de l'OuLiPo.

Claude ROY : pseudonyme de Claude Orland, écrivain et poète français (Paris, 1915 — Paris, 1997), auteur d'articles, de romans, de contes pour enfants et de nombreux poèmes.

Olivier SALON : écrivain et mathématicien français (né en 1955), membre de l'OuLiPo sur invitation de Jacques Roubaud.

Paul SCARRON : écrivain français du siècle de Louis XIII (Paris, 1610 — Paris, 1660), auteur de vers burlesques et de pièces de théâtre, dont l'ouvrage le plus connu est un récit sur le théâtre intitulé *Le Roman comique*.

Masaoka SHIKI : poète, critique et journaliste japonais du XIXᵉ siècle (1867-1902), il a modernisé le haïku.

Hisajo SUGITA, poétesse japonaise du XXᵉ siècle (1890-1946).

Rankô TAKAKUWA : poète japonais du XVIIIᵉ siècle (1726-1798).

Jean TARDIEU : écrivain français (Saint-Germain-de-Joux, 1903 — Créteil, 1995), poète mais aussi auteur pour le théâtre et la radio.

Paul VERLAINE : poète français (Metz, 1844 — Paris, 1896), « poète maudit » en opposition avec la société de son temps, précurseur du symbolisme.

Boris VIAN : écrivain français à la fois romancier et poète, mais aussi musicien, chanteur, critique de jazz et auteur de pièces de théâtre et de scénarios (Ville-d'Avray, 1920 — Paris, 1959). Son roman le plus célèbre est *L'Écume des jours* (1947).

# Table des poèmes

*Du tableau*

_____

*aux textes*

Pierre-Olivier Douphis

# Du tableau aux textes

*Le Pont rouge*
de Paul Klee (1879-1940)

*… Ce n'est pas une peinture abstraite, mais bien la vue d'une ville…*

Sur un fond bleu, le peintre a représenté diverses formes géométriques simples — des carrés, des rectangles, des triangles, un trapèze, un disque et un demi-disque — toutes de tailles différentes. Pour colorer chacune d'elles, il s'est servi d'une palette restreinte : vert foncé, marron, rouge, blanc, jaune, orange, rose et noir. Le plus souvent, ces couleurs sont apposées en aplat mais certaines figures, sur la gauche de l'œuvre, sont colorées en dégradé. Le spectateur remarque que le peintre a placé tous les carrés et les rectangles dans la partie gauche de la toile alors que les triangles sont majoritairement situés sur la droite. Il note aussi que presque tous ces triangles sont isocèles, avec leur sommet dirigé soit vers le haut, soit vers le bas. Seul l'un d'eux, jaune et quasiment équilatéral, a un sommet tourné vers la droite. Le spectateur voit par ailleurs qu'au milieu de ces formes géométriques simples, le peintre en a placé une plus complexe et plus difficilement descriptible qu'il reconnaît tout de même comme celle d'un pont de couleur rouge dont il ne verrait que deux piliers. Ce dernier détail lui permet de donner un sens particulier à cette œuvre. Ce n'est pas une peinture abstraite représentant des empilements de formes géométriques qu'il a sous les yeux, mais bien la vue d'une ville dont tous les bâtiments et les monuments ont été simplifiés au maximum. D'ailleurs, un deuxième élément vient confirmer cette idée : le rectangle rose couronné d'un triangle noir, sur la gauche du pont, peut être assimilé à la tour d'un château. Et, si le spectateur veut continuer à identifier d'autres formes, il peut voir la cheminée d'une usine dans le fin rectangle de couleur orange coiffé d'un petit trapèze blanc, situé sur la droite de la toile. Enfin, le disque jaune qui surplombe toutes ces figures est, bien entendu, un soleil radieux. Mais tous les éléments ne se laissent pas si facilement reconnaître : il sera, par exemple, beaucoup plus difficile de dire ce que sont tous les triangles de la partie droite de l'œuvre. Cependant, le spectateur peut émettre des hypothèses même s'il ne sait pas nommer tout ce qu'il voit. Ainsi, il saisit que le pont rouge se trouve au centre de la surface peinte, faisant en cela la liaison entre la gauche et la droite de la toile, c'est-à-dire entre la partie où se trouve la tour et celle où se situe la cheminée. Il se dit alors que le peintre désire montrer qu'une ville moderne est à la fois constituée d'un quartier historique résidentiel et d'un quartier récent et industriel. Il peut se faire une idée du plan de la ville : il imagine le centre avec ses vénérables édifices anciens — dont la tour qui pourrait être l'unique vestige d'un château — et la périphérie, hérissée de hautes cheminées d'usines. Et, entre ces deux espaces qui semblent se tourner le dos, coule une rivière qu'enjambe le pont.

*... les écrits de Paul Klee ont une grande importance pour
l'art moderne...*

Pour renforcer l'opposition entre ces zones, l'artiste
s'est servi de deux moyens esthétiques. D'une part, le
peintre a un usage différent des lignes selon le lieu
concerné : dans la gauche de l'œuvre, de multiples
lignes horizontales et verticales délimitent les quadrila-
tères alors que sur la droite, les triangles sont tracés
grâce à des obliques. Cela confère une impression diffé-
rente à chacune de ces parties : les premières lignes
expriment le calme et la stabilité, caractéristiques de la
ville ancienne, tandis que les secondes tendent à donner
une impression de mouvement et d'activité. D'autre part,
l'opposition est visible grâce aux couleurs : les formes
de gauche sont plus colorées que celles de droite. La
vieille ville est, en effet, constituée de maisons séculaires
aux façades peintes (comme cela se voit encore dans certaines cités allemandes), alors que les bâtiments des
nouveaux quartiers sont chromatiquement plus homo-
gènes. Enfin, le spectateur remarque que les carrés de la
zone la plus à gauche sont tous de tailles différentes.
Cela permet peut-être au peintre de signifier la disparité
des édifices de la ville ancienne, mais aussi de donner
une impression de profondeur et de perspective.
L'image que nous avons sous les yeux est donc bien plus
riche que nous aurions pu le penser au premier regard.
Et pour cause, elle a été exécutée par Paul Klee (1879-
1940), l'un des peintres allemands les plus importants
du XXᵉ siècle. Elle est intitulée *Le Pont rouge* et, pour la
créer, l'artiste a utilisé aquarelle et peinture à l'huile sur
une planche de carton enduite de plâtre. L'œuvre date

de 1928. À cette époque, notre artiste est professeur au Bauhaus, à Dessau (Allemagne), une école d'arts et métiers où enseignent des artistes d'avant-garde comme le peintre Vassily Kandinsky, le photographe László Moholy-Nagy ou encore l'architecte et designer Marcel Breuer. Le but de cette école est de moderniser tous les arts, qu'ils soient considérés comme « beaux » ou comme « mineurs », et principalement la peinture, l'architecture, la photographie, le design (qui implique autant le mobilier que la tapisserie ou la céramique), le costume, la musique et la danse. Plus encore, il s'agit de faire participer ces arts à la Cité idéale utopique dans laquelle tous les êtres humains vivraient en parfaite harmonie.

Paul Klee commence son enseignement au Bauhaus en 1921 en donnant des cours de composition et de forme à l'atelier de reliure dont il est le directeur. Puis, en 1927, il enseigne à l'atelier libre de peinture. En parallèle, il donne un cours de théorie des formes auprès de l'atelier de tissage. Durant ces mêmes années, il publie quelques textes théoriques comme *Accès à l'étude de la nature* en 1923, le *Livre d'esquisses pédagogiques* en 1925 et les *Recherches exactes dans le domaine de l'art* en 1928. Ces écrits ont une grande importance pour l'art moderne, alors en pleine effervescence. Klee y développe ses idées sur les couleurs et la lumière ainsi que sur les formes et la composition. Idées qu'il expose dans ses cours au Bauhaus et, bien entendu, qu'il expérimente dans les œuvres qu'il crée à cette époque. *Le Pont rouge* ne déroge pas à la règle.

*... la puissance des lignes horizontales et verticales, la majesté des courbes et des contre-courbes...*

Paul Klee bâtit ses théories tout au long de sa carrière grâce à sa grande culture et surtout grâce à ses expériences face à la nature. Deux voyages furent pour lui des événements cruciaux de révélation esthétique. Le premier est un séjour en Italie où il parcourt Gênes, Pise et Rome d'octobre 1901 à mai 1902. Le second, un déplacement en Tunisie en avril 1914. À Rome, où il avait tout juste une vingtaine d'années, Paul Klee est frappé par la richesse culturelle et l'hétérogénéité de la ville. Il y voit des créations de toutes les époques : les ruines antiques, les mosaïques paléochrétiennes, les sculptures médiévales, les peintures de la Renaissance, les édifices baroques du XVIIᵉ siècle et les monuments néo-classiques du XIXᵉ siècle. Face à ces splendeurs qui ont écrasé plus d'un aspirant peintre, il traverse une profonde crise artistique. En effet, malgré sa volonté de se laisser emporter par la beauté des chefs-d'œuvre, il doit admettre sa défaite. Il écrit dans son journal, quelques jours après son arrivée : « Rome saisit davantage l'esprit que les sens. » Aussi, dans la Ville éternelle, il admire les sculptures médiévales « dans le style naïf », plutôt que celles de Michel-Ange, pourtant vénérées par les artistes l'ayant précédé. Et, le 2 novembre, il s'exclame : « Ma faculté de contempler les formes, je la dois aux premières impressions architectoniques. Gênes : San Lorenzo, Pise : le Dôme, Rome : Saint-Pierre. » C'est lors de ce voyage que notre artiste découvre les prémices de ce qu'il nommera plus tard le « monde des formes ». C'est là qu'il comprend la puissance des lignes horizon-

tales et verticales ainsi que la majesté des courbes et des
contre-courbes. Il s'émerveille aussi devant la capacité
de la ville millénaire à rester une entité cohérente
malgré la disparité de son paysage. Plus tard, après avoir
multiplié les dessins, les gravures, les esquisses peintes et
les tableaux, il découvre la raison de cet émerveille-
ment : l'unité de la ville réside principalement dans son
rythme, en ce qu'il est constitué des multiples éléments
des monuments qui se succèdent, s'accolent et se
répètent les uns après les autres, les uns à travers les
autres. Car le rythme est l'élément primordial des
œuvres des plus grands artistes, comme il est celui de la
nature. Il permet à l'être humain d'entrer en résonance
avec son environnement. Paul Klee commente : « Un
rythme, cela se voit, cela s'entend, cela se sent dans les
muscles. » Toutefois, il n'est pas la répétition systématique et monotone du même élément, mais le retour
périodique d'une séquence qui évolue à chaque temps
— en d'autres termes, qui forme un mouvement. Ainsi,
un rythme frappe moins par sa régularité métrono-
mique que par sa capacité à se renouveler à chaque
phase.

En avril 1914, quelques mois seulement avant le début
de la Première Guerre mondiale, Paul Klee fait son second
voyage initiatique : il part pour quelques semaines en
Tunisie avec deux amis peintres, August Macke et Louis
Moilliet, à l'invitation du docteur Ernst Jäggi. Ensemble,
ils visitent Tunis, Carthage et Hammamet, mais c'est
principalement à Kairouan — lieu qu'il qualifie dès son
arrivée de « merveille » — que Klee prend pleinement
conscience de la magie des couleurs. Là, sous le soleil
ardent du désert, il est envoûté par sa puissance chro-
matique. Non pas que la ville lui offre la plus étendue
des palettes, mais elle lui révèle la véritable richesse des

couleurs en elles-mêmes. Il comprend toute la gamme des jaunes, toute la gamme des verts, la gamme des bleus, la gamme des violets, des rouges, des oranges, du plus clair au plus foncé. À l'ombre des palmiers, il s'adonne librement à l'aquarelle. Les travaux qu'il en rapporte sont des féeries à la limite du monochrome. Finalement, à la date du 16 avril, il déclare : « La couleur me possède. Point n'est besoin de chercher à la saisir. Elle me possède, je le sais. Voilà le sens du moment heureux : la couleur et moi sommes un. Je suis peintre. » Ainsi, si le voyage en Italie lui avait causé une grande détresse, celui en Tunisie est l'occasion de la découverte de sa véritable vocation artistique.

*… Les lignes horizontales qui parcourent cette œuvre font penser à celles d'une portée…*

La double révélation du rythme et de la couleur permit à Paul Klee d'allier ses deux passions : la peinture et la musique. En effet, et tous les biographes le répètent à l'envi, notre artiste a longtemps hésité entre la carrière de peintre et celle de musicien. Il est vrai qu'il était né dans une famille de mélomanes : son père, Hans Klee, était professeur de musique à l'Institut de formation des enseignants de Hofwil, non loin de Berne, et sa mère, Ida Frick, était cantatrice. À l'âge de sept ans, il commença à étudier le violon et, plus tard, il fit partie de l'orchestre de la société bernoise. En 1899, il rencontra la pianiste Lily Stumpf, avec qui il se maria en 1906. Et, quand enfin il choisit la carrière de peintre, il n'abandonna pas pour autant son autre passion. Il continua à jouer du violon tout au long de sa vie et, dès qu'il en avait l'occasion, il se rendait à des concerts de musique classique. Dans son journal, il fit d'ailleurs de nombreuses critiques des différentes interprétations des chefs-d'œuvre qu'il avait entendues, aussi bien dans sa ville de résidence que dans celles qu'il visitait. Et, s'il préféra la peinture à la musique, cette dernière resta toujours sa « bien-aimée ensorcelée », comme il l'écrivit dans son journal. Il n'est alors pas étonnant de voir qu'un grand nombre de ses œuvres peintes ressemblent plus ou moins à des partitions, et *Le Pont rouge* ne fait, là encore, pas exception. Les lignes horizontales qui parcourent cette œuvre font penser à celles d'une portée. Les verticales et les obliques, quant à elles, évoquent les différentes notes et notations musicales, qui sont autant d'indications de rythme. Les couleurs, enfin, indiqueraient la tonalité de la note : jaune pour les plus aiguës, vert foncé pour les plus basses et rouge pour le milieu de la gamme. Depuis la plus lointaine Antiquité, les artistes ont désiré rapprocher la musique et la peinture, les deux arts qui ont le plus de points communs, mais aussi de divergences. Pour ne citer que quelques exemples, un siècle et demi avant Paul Klee, Eugène Delacroix tenta de définir les différences dans la façon dont l'auditeur et le spectateur appréhendaient chaque type d'œuvre. Richard Wagner, de son côté, s'inspira des grandes scènes historiques de son époque quand il renouvela l'opéra à partir de 1850. Quant au peintre Vassily Kandinsky, ami et collègue de Klee au Bauhaus, il inventa la peinture abstraite vers 1910 au cours de ses recherches picturales pour représenter les divers mouvements d'une œuvre musicale. En ce qui concerne la ville au pont rouge de Klee, la représentation qu'il en donne peut être considérée comme la partition d'une mélodie moderne, une mélodie où les bruits de la ville remplaceraient les

différents instruments de l'orchestre : une sorte de représentation des sons urbains qui s'entremêleraient de
manière harmonieuse.

*... Paul Klee a dépouillé sa peinture de toute fioriture
pour mettre en évidence les rythmes...*

Cette idée n'a rien de véritablement étonnant quand
on sait que, dès la fin des années 1910, les artistes cons-
tructivistes russes, d'obédience communiste, avaient voulu
que la lutte des classes passe aussi par la conscience de
la beauté des sons de la vie citadine, de leurs mélodies
qui rythment le monde moderne. Ce fut par exemple le
cas, en 1922, d'artistes soviétiques, qui créèrent, dans le
cadre des fêtes du cinquième anniversaire de la révolu-
tion soviétique, une symphonie industrielle composée
de sirènes d'usines, de bruits d'avions et de diverses
machines. Pour ces personnalités d'avant-garde, cette
musique bruitiste était appelée à résonner dans la Cité
idéale à venir, où tous les êtres humains seraient en
même temps ouvriers et esthètes. Toutefois, dans le cas
de l'œuvre de Paul Klee que nous avons sous les yeux, il
est évident qu'elle n'évoque pas cette Cité, trop idéale
pour être réalisable. La ville au pont rouge n'évolue pas
au rythme d'une symphonie composée des sons assour-
dissants de l'industrie lourde. Elle évoque plutôt une
sorte de *Nocturne* pour un gros bourg, une pièce musicale
intimiste dans laquelle sonnent les bruits d'un monde
obligé de sortir de sa vénérable tranquillité rurale, un
*lied* tout empreint d'une poésie moderniste. Et ce moder-
nisme provient de son minimalisme. Paul Klee a dépouillé
sa peinture de toute fioriture pour mettre en évidence

les rythmes, que ce soit celui des lignes ou celui des couleurs, c'est-à-dire les éléments qui lui sont essentiels. Ainsi, même si l'artiste se sert d'une grille de lignes verticales et horizontales qui organisent puissamment son tableau, celles-ci ne sont pas tirées à la règle de manière rigide. Au contraire, il donne de la vie à ses formes en les distordant légèrement puis en colorant certaines d'entre elles en dégradé. Et ceci explique l'impression de poésie paisible qui se dégage de cette œuvre. En effet, la poésie ne réside pas dans le carcan des formes sévères qui ont été imposées à l'art au cours des siècles. Elle est au contraire fille de quelque chose de plus important : la nature, en ce qu'elle a d'évidences et de mystères. Au cours de sa carrière, Paul Klee a toujours voulu se faire l'élève de la nature. Et, comme à tous les grands artistes, les grands musiciens et les grands poètes, celle-ci lui a appris les règles primordiales de l'art : elle n'a rien de systématique. Elle ne subit aucune norme. La nature enseigne la liberté.

# *Les textes*

## *en perspective*

*Marianne Chomienne*

# Vie littéraire

## La poésie en variétés

C'EST DANS LES RACINES GRECQUES que l'on trouve l'origine du mot « poésie » : *poièsis, poiètès, poièma* viennent tous d'un même verbe, *poiein*. Ce verbe évoque pour les Grecs de l'Antiquité toute idée de fabrication, de construction, de production et donc de création, et ce, quel que soit l'objet que l'on fait. L'historien Hérodote (Ve siècle avant J.-C.) se sert du mot *poièsis* pour évoquer la fabrication de parfums ou de vêtements, et son successeur Thucydide, celle des navires. Les créations littéraires ne sont donc qu'une des créations possibles et recouvrent une multitude de formes que l'on a d'abord précisées par des qualificatifs variés en fonction de leur contenu. À l'origine, la poésie pouvait être épique quand elle racontait les exploits de héros comme Ulysse dans l'*Iliade* et l'*Odyssée*. Elle était tragique au théâtre en montrant les malheurs de personnages poursuivis par une malédiction divine comme Œdipe, mais elle pouvait aussi y être comique dans les pièces d'Aristophane, par exemple. Elle présente donc, dès son origine, des formes multiples, des contenus variés et des tonalités très différentes. Depuis toujours, la poésie est aussi récit, théâtre, mais avant tout chant.

# 1.

## Poésie et chant

### 1. *Les premiers chants poétiques*

Les premiers «poètes» ne s'appellent pas ainsi : le *poiètès* grec est un fabricant d'objets, qu'ils soient artistiques ou non. Dans les textes d'Homère, celui qui prend la parole pour raconter les aventures des différents personnages, c'est l'*aède*, c'est-à-dire le chanteur. Le poète s'identifie à Orphée, un personnage mythique qui pouvait charmer tous ceux qui l'entendaient, hommes et bêtes, mais aussi les éléments inanimés comme les arbres et les rochers, eux aussi émus par la beauté de sa voix et les sons de son instrument, la lyre. La poésie est un genre oral : elle est partagée entre les hommes bien avant que l'écriture ne soit une pratique acquise par la majorité d'entre eux. C'était un divertissement de choix dans la cour des rois antiques : un aède, accompagné d'un instrument à cordes — lyre ou cithare —, venait divertir les hommes présents en leur racontant l'histoire des dieux ou les aventures et les combats des hommes. Quand on lit les textes de cette époque, on remarque ainsi qu'ils se découpent en chants : c'est le cas de l'*Iliade* et de l'*Odyssée* (vingt-quatre chants chacun), des *Métamorphoses* d'Ovide (douze mille vers répartis en quinze chants). La tradition d'une poésie chantée se prolonge bien au-delà de la Grèce antique : on la retrouve en effet dans l'Antiquité latine, qui en est l'héritière directe. Ainsi Virgile, pour doter Rome d'un mythe fondateur, compose une épopée en douze chants, *L'Énéide*. Le mot pour désigner le poème est *carmen*, un mot qui désigne à la fois le son de la voix et les instruments de musique. En France, le Moyen Âge se place dans cette tradition : les premiers récits médiévaux sont appelés des chansons de geste. Ils racontent les exploits des premiers chevaliers, autour de la figure de Charlemagne notamment. *La Chanson de Roland, La Chanson de la conquête albigeoise, La Chanson de Guillaume*, et bien d'autres encore, s'inscrivent dans la suite des épopées antiques. Les chansons se diversifient cependant : à côté de ces poèmes épiques, les femmes entendent des «chansons de toiles» qu'elles écoutent pendant qu'elles s'occupent à leurs travaux d'aiguille, tapisserie ou broderie.

Les autres genres poétiques qui se développent peu à peu sont eux aussi liés au chant : des poèmes sont composés pour diverses occasions — mariages et banquets notamment. Ils sont, eux aussi, chantés en public et accompagnés de musique jouée à la lyre ou à la flûte dans le cas de la poésie élégiaque. Au Moyen Âge, la poésie se diversifie : à côté des formes longues apparaissent de multiples formes, souvent plus courtes. Leurs noms — rondeau, ballade ou virelai — rappellent la musicalité, mais y ajoutent le mouvement puisque, plus encore qu'à la musique, ils sont liés à la danse : le rondeau évoque la ronde, bien sûr, la ballade vient du verbe occitan *baller* qui voulait dire danser et le virelai contient en son nom les tours de celui ou celle qui vire, qui tourne. Cependant, à cette époque, le poète se détache peu à peu du musicien, il devient trouvère ou troubadour, celui qui trouve, qui invente. Certes, la transmission des vers est toujours faite par des artistes, jongleurs et musiciens, mais le chant disparaît petit à petit au profit d'un simple accompagnement musical

venant scander la récitation. La musique instrumentale
devient secondaire, un apport extérieur qui va même
disparaître. Quant aux mots « poésie » et « poème »,
apparus aux XIIIᵉ et XIVᵉ siècles, ils n'adoptent leur sens
moderne qu'au cours du XVIᵉ siècle, signe de la distance
qui existe dès lors entre la poésie et la musique, deux
arts distincts.

## 2. *Le retour du chant dans le domaine poétique*

Toutefois, à partir du XIXᵉ siècle, les poètes remettent
la musique à l'honneur : Victor Hugo publie en 1865 un
recueil intitulé *Les Chansons des rues et des bois* et, en 1874,
Paul Verlaine ouvre son « Art poétique » sur des vers
devenus célèbres :

> De la musique avant toute chose,
> Et pour cela préfère l'Impair
> Plus vague et plus soluble dans l'air,
> Sans rien en lui qui pèse ou qui pose.

Avec les courants poétiques de la fin du XIXᵉ siècle, le
Parnasse et le symbolisme, le travail des sons et des
rythmes du poème occupe une place importante de
l'écriture poétique. Mais il ne s'agit pas cependant de
créer à nouveau des morceaux musicaux : les poèmes,
même s'ils se nomment chansons ou ballades, ne néces-
sitent pas d'instruments, la musique leur est interne,
contenue dans leurs vers. C'est le choix des mots et leur
disposition qui produisent la musicalité. Si certains
poèmes sont mis en musique, c'est dans un second temps,
par des compositeurs y ayant trouvé l'inspiration : en
1890, Claude Debussy met en musique cinq poèmes des
*Fleurs du mal* de Baudelaire, recueil publié en 1857 ; en
1908, Maurice Ravel compose pour trois poèmes d'Aloy-

sius Bertrand parus dans le recueil *Gaspard de la nuit* en 1842. Au XXe siècle, de nombreux chanteurs comme Léo Ferré, Georges Brassens, Jean Ferrat, et bien d'autres, ont mis en musique les poèmes de ces poètes du XIXe siècle. Les nouveaux genres musicaux ont aussi tenté les poètes qui écrivent des chansons pour certains d'entre eux.

Seule la chanson conserve, tout au long de l'histoire littéraire, le lien étroit entre poème et musique, mais elle est souvent mal considérée : ce serait un genre populaire peu exigeant. N'existe-t-il pas en France une spécialité de la « chanson à texte » ? Comme si les chansons qui n'en font pas partie étaient des chansons sans texte, alors que ce sont en réalité des chansons dont on estime les paroles trop pauvres, trop peu travaillées et intéressantes pour accéder au statut de texte ! Dans la première moitié du XXe siècle, Boris Vian, écrivain et musicien, a allié ces deux talents pour écrire, composer et chanter ; peu après, Jacques Prévert a destiné de courts écrits à des chanteurs : il a dédié « La Chasse à l'enfant » (p. 60) à une chanteuse, Marianne Oswald, qui l'a interprétée. Parmi les voix de cette époque, certaines ont acquis le statut de poète : Jacques Brel, Georges Brassens, Charles Trenet ou Léo Ferré. De nos jours encore, ces liens entre écriture et chanson existent : soit que les grands poèmes du passé connaissent de nouvelles adaptations musicales comme « Heureux qui comme Ulysse » par Ridan, soit que des écrivains deviennent paroliers attitrés (le romancier Philippe Djian pour Stephan Eicher, la poétesse Andrée Chedid pour M., son petit-fils). Enfin, depuis une dizaine d'années, un nouveau genre a vu le jour, le slam, entre rap et déclamation.

## 2.

### Vers et rimes

L'écriture des poèmes a longtemps obéi à des règles strictes, rassemblées dans la versification : décompte des syllabes, choix des strophes, disposition des rimes, ordre des mots, prononciation du « e »…, tout était contraint. Parce qu'ils les mettent en œuvre, quand vous ouvrez un recueil de poèmes dits classiques, dont la rédaction est antérieure au XXᵉ siècle, l'ordre des mots peut vous surprendre.

## 1. *Des vers classiques aux formes modernes*

Les définitions du poème sont nombreuses et diverses. Elles ont en commun de s'attacher souvent à la forme du texte, sa mise en page. Ou pour reprendre la formule d'André Gide : « Une bonne définition de la poésie ? Je n'en vois plus d'autre valable que celle-ci : la poésie consiste à passer à la ligne avant la fin de la phrase » (*Attendu que…*, 1943). Et pendant très longtemps en effet, la disposition versifiée caractérisait le texte poétique. Dans un poème, les lignes sont incomplètes, elles ne s'appellent plus lignes mais vers, et les vers composent des strophes dont le nom dépend du nombre de vers qu'elles regroupent : distique (deux vers), tercet (trois vers), quatrain (quatre vers) et quintil (cinq vers) ; pour les autres strophes, on ajoute le suffixe -ain au nombre de vers : sizain, septain, huitain, neuvain et dizain. Du fait de cette disposition des vers sur l'espace blanc de la page, on reconnaît immédiatement un poème.

Quant aux vers eux-mêmes, ils sont aussi soumis à des

règles strictes : on doit en compter les syllabes pour composer des poèmes réguliers. Les vers traditionnels sont
de rythme pair : hexasyllabes (six syllabes), octosyllabes
(huit syllabes), décasyllabes (dix syllabes) et alexandrins
(douze syllabes) sont les plus fréquents. Et lorsqu'un
poème adopte l'un de ces vers, il s'y tient : les poèmes
aux vers irréguliers, comme les fables de La Fontaine
(p. 41), sont rares dans la poésie classique. Notez toutefois que, au XIXᵉ siècle, les poètes ont par bien des
moyens tenté de renouveler les rythmes versifiés. Pour
casser la régularité des rythmes pairs, Paul Verlaine a
cherché à développer les vers impairs de cinq, sept, neuf
ou onze syllabes, des vers que l'on retrouve aussi sous
d'autres plumes de cette époque comme celles de Théo-
dore de Banville ou de Marceline Desbordes-Valmore.

Depuis le XIXᵉ siècle, la poésie est moins fortement
contrainte. Les poètes ont brisé le moule obligatoire :
s'ils adoptent une présentation versifiée de type tradi-
tionnel, c'est qu'ils l'ont choisie. Deux formes poétiques
apparaissent, en effet, dont les noms mêmes annoncent
bien qu'ils sortent des contraintes classiques de la versification : le poème en prose et le poème en vers libres.
Elles rejettent la régularité des rythmes versifiés. Les
vers libres sont des vers, le passage à la ligne est donc
sans rapport avec la grammaire : il n'y a pas d'équiva-
lence entre les unités grammaticales (les phrases) et la
mise en page, comme dans les textes en prose ; mais ces
vers n'ont pas tous le même rythme, le nombre des syllabes y est irrégulier, se succèdent ainsi des vers très
courts et d'autres très longs. Dans le poème « Îles » de
Cendrars (p. 31), le premier vers ne compte qu'une
unique syllabe et le dernier seize. Pas de vers dans le
poème en prose : un ou plusieurs paragraphes comme
vous pouvez les voir dans les poèmes de Pierre Louÿs

(p. 75) ou de Pierre Reverdy (p. 44 et p. 76) de ce recueil. Le poème en prose est une forme mixte, entre poème et très courte nouvelle, comme il peut en exister parfois. Il est poétique dans sa brièveté et l'intérêt qu'il porte au langage : les mots y sont particulièrement choisis pour leur musicalité et les images qu'ils éveillent.

## 2. *Le travail des mots et des sons*

De son origine musicale, la poésie a toujours conservé une caractéristique : le poète est un écrivain particulièrement attentif aux rythmes et aux sons. Le son est d'ailleurs, jusqu'au poème en prose et aux vers libres, ce qui justifie l'écriture versifiée : c'est l'écho des sons à la rime qui explique le passage d'un vers à l'autre. Ces rimes sont, comme le décompte des syllabes et celui des strophes, soumises à des règles très strictes. On les classe ordinairement en fonction de trois critères :

— leur qualité : rimes pauvres (un seul son commun), suffisantes (deux sons communs) et riches (plus de deux sons communs) ;

— leur disposition : rimes suivies (aabb), croisées (abab) et embrassées (abba) ;

— leur nature : rimes féminines (qui se terminent par un « e ») et masculines.

Mais la rime, si elle est le travail le plus visible sur les sonorités, est loin d'être le seul : tout dans un poème est travail du son.

Plus d'un poète s'est présenté comme un simple travailleur manuel : Jean Tardieu évoque ses « outils d'artisan », Guillevic utilise l'image d'un « écheveau » dans un « Art poétique », quant à Raymond Queneau, il donne des conseils malicieux sous forme de recette de cuisine (« Pour un art poétique ») :

> Prenez un mot prenez-en deux
> faites les cuir' comme des œufs
> prenez un petit bout de sens
> puis un grand morceau d'innocence
> faites chauffer à petit feu
> au petit feu de la technique
> versez la sauce énigmatique
> saupoudrez de quelques étoiles
> poivrez et mettez les voiles

Par l'association des sonorités qui les composent, les mots offrent un matériau que le poète travaille : il les choisit et les assemble en fonction de l'effet qu'il souhaite produire. Il peut, par exemple, associer entre eux des mots dont les sonorités sont répétitives : on parle d'assonance quand une même voyelle est répétée et d'allitération si c'est une consonne qui revient plusieurs fois. « Avec grand bruit et grand fracas / Un torrent tombait des montagnes » (p. 42) : l'alliance des consonnes — [r] et [t] — et des voyelles — [a], [an] — permet de mimer le claquement de l'eau sous la violence de sa chute. Le choix et la position des mots dans le vers les uns par rapport aux autres permettent aux poètes d'écrire des vers harmonieux ou, au contraire, de créer une atmosphère dissonante, une cacophonie voulue.

### 3.

## De quelques formes courtes

### 1. *Le sonnet, une forme fixe ?*

« Sonnet » est le nom que l'on donne à un poème de forme particulière : un poème de quatorze vers répartis en deux quatrains suivis de deux tercets. C'est une forme fixe que l'on trouve dans la poésie française à plusieurs reprises, au XVIᵉ siècle sous la plume des poètes de la Pléiade puis au XIXᵉ siècle et de nos jours encore, mais qui a varié dans le temps. Le sonnet apparaît en Italie au Moyen Âge dans les poèmes de Dante et de Pétrarque. Sa forme est encore mouvante, notamment en ce qui concerne la disposition des rimes des six derniers vers. Elle se répand dans divers pays d'Europe : l'Italie, la France, l'Angleterre, l'Allemagne… et évolue différemment dans chacun de ces pays. En France, c'est au XVIᵉ siècle que les poètes l'adoptent : en vingt ans, entre 1530 et le milieu du siècle, ils ont fait du sonnet la forme par excellence de la poésie amoureuse. Leur production fixe progressivement les règles d'alternance des rimes : deux rimes embrassées, les mêmes pour les deux quatrains, et une répartition de trois rimes pour les tercets, soit : ccd eed ou ccd ede. On reconnaît Clément Marot, Joachim Du Bellay et Pierre de Ronsard comme les trois poètes majeurs à avoir adopté et adapté le sonnet italien à la poésie française, mais tous leurs confrères en ont composé.

Trois siècles plus tard, les poètes du XIXᵉ siècle retrouvent le goût et l'envie d'écrire des sonnets. Toutefois, ils s'émancipent des règles antérieures et composent bien souvent des sonnets irréguliers, choisissant de nouvelles dispositions des rimes ou même des strophes. Gérard de Nerval, Charles Baudelaire, Paul Verlaine, Arthur Rimbaud, Stéphane Mallarmé… tous lui donnent un souffle nouveau. Toutefois, le sonnet est considéré, au début du XXᵉ siècle, comme une forme encore trop figée et contraignante. Le renouveau poétique du début du XXᵉ siècle, prôné notamment par Guillaume Apollinaire et Blaise Cendrars, se fait contre le sonnet : Blaise Cendrars publie des sonnets qu'il qua-

lifie de « dénaturés » et Apollinaire des poèmes proches
des sonnets, mais de treize vers seulement. Après la
Seconde Guerre mondiale, et surtout depuis les années
1960, le sonnet renaît, revisité parfois avec humour
comme par Raymond Queneau qui imagine un livre
dans lequel toutes les combinaisons sont possibles entre
les quatorze vers de plusieurs sonnets, le tout formant
un recueil de *Cent mille milliards de poèmes*. Ainsi, de nos
jours, si le sonnet est reconnu comme une forme appar-
tenant à la tradition, il est toujours l'un des modèles utilisés par les poètes, contrairement à bien des formes,
ballades, rondeaux, épîtres ou odes qui ont à peu près
disparu.

## 2. *Le haïku, un poème venu d'ailleurs*

La poésie est donc une affaire de tradition et de filia-
tion : de l'héritage antique viennent les impératifs de
rythmes et de sonorités, peu à peu adaptés aux particu-
larités de notre langue. Mais d'autres influences sont
venues, au gré des voyages et des découvertes, de poésies
étrangères. L'une des plus étonnantes pour les poètes
français a été celle d'un poème minimaliste venu du
Japon : le haïku. Son origine, le haïku la puise dans un
jeu auquel la bourgeoisie japonaise s'adonne en faisant
preuve de qualités d'esprit et d'expression : un premier
vers est lancé — le *hokku* — et on y répond par un autre,
un peu plus court — le *renga*. Au XVIIe siècle, Bashô
(1644-1694), un poète voyageur, transforme ce jeu et
fait de la première partie de dix-sept syllabes une poésie
à part entière. Bashô en a composé plus de deux mille
qui décrivent le plus souvent la nature, composés lors de
ses randonnées et insérés dans ses carnets de voyage. À
sa suite, le haïku est devenu un genre poétique majeur

au Japon, extrêmement codifié : on y compte le nombre de syllabes — dix-sept — et on doit y retrouver, traditionnellement un « mot-césure », sorte d'interjection difficile à traduire, et un « mot-saison » qui permettait d'inscrire le poème dans le déroulement du temps. Papillon, rossignol, grenouille, camélia pour le printemps, lucioles, coucou, lotus pour l'été, canards sauvages, corbeaux, érable ou Voie lactée pour l'automne et enfin neige, feuilles mortes, nouvel an pour l'hiver : ces mots-saisons sont si nombreux qu'il en existe des dictionnaires, de la même façon que nous avons nos dictionnaires de rimes. À la suite de Bashô, les poètes japonais ont été nombreux à adopter le haïku : Buson (1716-1783), Issa (1763-1827) puis Masaoka Shiki (1867-1902) à qui on doit le terme de « haïku ». Il s'agit pour ces *haijins*, c'est le nom des auteurs de haïkus, de réussir à retranscrire de façon simple, imagée, parfois comique, une expérience du monde. Inutile de chercher un sens complexe à ces poèmes de l'instant : ils n'essaient pas de dire autre chose que ce qu'ils révèlent aux lecteurs. « Le haïku n'est pas une pensée riche réduite à une forme brève, mais un événement bref qui trouve d'un coup sa forme juste », a écrit Roland Barthes. Aujourd'hui, le haïku n'a pas disparu, il est toujours très prisé au Japon où il existe des revues entières qui lui sont consacrées. Comme ailleurs, le genre a évolué, s'est modernisé et les poèmes ne sont plus uniquement tournés vers la nature : le monde urbain, moderne, y est entré et certains textes se sont fait l'écho des tragédies historiques, de la bombe atomique lancée sur Nagazaki en 1945 à la catastrophe de Fukushima de l'hiver 2011.

Mais le haïku n'est pas resté cantonné à la littérature japonaise, il est devenu une source d'inspiration et un modèle d'écriture pour des poètes occidentaux. L'adoption de cette forme brève n'était pourtant pas une chose facile. Le japonais ne s'écrit pas de la même façon que le français : les idéogrammes sont tracés de haut en bas et de droite à gauche, sans espaces entre les signes. Certains haïkus tiennent sur une seule ligne verticale, d'autres sont présentés en trois lignes. En France, comme dans les autres pays dont l'écriture se lit de gauche à droite et de haut en bas, il s'écrit généralement en trois vers non rimés. L'Europe s'est ouverte au Japon à la fin du XIXᵉ siècle et le « japonisme » a été un courant, en peinture comme en littérature. En 1902, les premières traductions font découvrir le haïku aux lecteurs français et lancent une nouvelle mode : dès 1905, une plaquette de haïkus écrits par des écrivains français paraît, *Au fil de l'eau* ; en 1916 est publié un recueil signé Julien Vocance, *Cent visions de guerre,* une série de haïkus dans lesquels on découvre l'expérience des tranchées, des bombardements, de l'arrière ; en 1920, la *Nouvelle Revue française* présente une courte anthologie de haïkus écrits en français… Par sa rapidité et sa simplicité apparente, la forme fascine de nombreux écrivains : James Joyce en Irlande, D. H. Lawrence en Angleterre, Giuseppe Ungaretti en Italie, Paul Éluard et Paul Claudel en France, Allen Ginsberg, Jack Kerouac aux États-Unis pour ne citer qu'eux, ont tous écrit des haïkus. La poésie contemporaine, dans sa recherche de simplicité et de brièveté, s'en inspire d'ailleurs, même si elle ne se limite pas à dix-sept syllabes. Loin d'avoir disparu, le haïku continue à se développer et à se populariser : les sites internet sont nombreux à s'y consacrer, plusieurs artistes se sont intéressés à la mise en musique de haïkus, des vidéastes et des danseurs créent des formes courtes qu'ils nomment à leur tour des haïkus, témoignant ainsi de la vivacité de ce genre poétique et de son influence encore marquante.

**Pour compléter votre lecture :**

Michèle AQUIEN, *Dictionnaire de poétique*, « Le Livre de poche ».

*Haïku* et *Haïku du XXᵉ siècle*, deux anthologies du poème court japonais, Poésie/Gallimard.

*Le Sonnet*, Gallimard, « Folioplus classiques ».

*Poèmes à apprendre par cœur*, Gallimard, « Folioplus classiques ».

# L'écrivain à sa table de travail

## Jouer avec la langue

LA POÉSIE TRAÎNE APRÈS ELLE UNE RÉPUTATION DE SÉRIEUX, voire de tristesse, qui ne peut suffire à la définir. Les poèmes ne sont pas tous des déclarations éplorées et sentimentales. Parce que l'épanchement de soi, la nostalgie des amours passées et la crainte de la mort sont des thèmes fréquemment associés à la poésie, il est vraisemblable que, dans l'imaginaire collectif, le poète est un homme (ou une femme) austère, grave, tout(e) de noir vêtu(e), solitaire et tourmenté(e)… Mais il ne faut pas croire que tout est sérieux dans la poésie. Il est des poèmes amusants, légers, ludiques, et des poètes joueurs. C'était même le thème de la célébration du printemps des poètes en 2009 — tout ce qu'il y a de plus sérieux : « en rires » !

## 1.

## Jouer avec les sons

### 1. *Échos et répétitions*

Le poète aime à jouer avec les sonorités des mots. Certains de ces jeux ont un nom précis qui figure dans

les traités de versification, deux en particulier : l'assonance — répétition d'une même voyelle — et l'allitération — répétition d'une même consonne. Il s'agit
souvent d'imiter les réalités dont il est question, on
parle même à ce propos d'harmonie imitative : les [v],
[f], [en] et [ou] reviennent quand il s'agit d'évoquer le
vent ; les [s], [l] et [è] dans des poèmes qui veulent nous
faire penser à un ruissellement, comme dans la chanson
de Dick Annegarn « Le saule » (p. 10) ; les poèmes dans
lesquels la pluie est présente la font aussi entendre à
l'aide de [t] ou de [d], qui rappellent les gouttes
tombant les unes après les autres. Les exemples sont
nombreux. Mais les jeux avec les sons ne se limitent pas
à cette volonté de rendre le monde perceptible. Les
sonorités intéressent les poètes pour elles-mêmes : elles
sont sujet d'étonnement et d'amusement. Le poète belge
Norge s'en amuse dans « Totaux » (p. 18), un poème
dans lequel les mots commencent presque tous par un
[t]. Boris Vian ou Raymond Queneau soulignent les
différences entre l'orthographe et la prononciation :
« pohéteû », « rougeû » (p. 27), les mots pourraient
effectivement s'écrire ainsi si l'on s'en tenait à ce que
l'on entend d'eux ! D'autres poètes se sont ainsi penchés
sur les différentes façons de dire les mots, en langues
étrangères notamment : Jacques Prévert accroît l'étrangeté dans « Chant Song » (p. 22), mêlant mots français
et anglais et jouant sur les homophonies que cela crée
(« mer sea / Thank you »).

Le jeu sur les homonymies est fréquent dans les
poèmes : on se souvient de certains calembours du
poème de Jean Cocteau, « Odile » (« Le crocodile croque
Odile »), « Je crois bien que Caï ment » et « Moi, je trouve
qu'Alligue a tort » (*Le Potomak*, 1919), ou du poème de
Maurice Carème, « Homonymes » qui présente toutes

les variations possibles sur le vert — ver, vers, verre, vair. Mais cet écho n'est pas un simple jeu. On en lit plusieurs exemples dans les poèmes de Francis Ponge qui laisse dériver son imagination sur les sonorités des mots dans *Le Parti pris des choses* : « À mi-chemin de la cage au cachot la langue française a cageot », écrit-il dans « Le cageot », ou encore : « Comme dans tamaris il y a tamis, dans mimosa il y a mima », un rapprochement sonore qui justifie le rapprochement avec un personnage de comédie, un « Pierrot, dans son costume à pois jaunes » (« Le mimosa », *La Rage de l'expression*). D'autres s'amusent à découper les mots pour jouer avec leurs différents composants. Michel Leiris est un écrivain reconnu quand il publie, en 1985, un ouvrage au sous-titre évocateur : *Langage Tangage* ou *Ce que les mots me disent*, un lexique poétique, fondé sur les jeux de sonorités dans lequel on trouve par exemple : « âge — agite puis assagit ? », « amitié — admet-elle jamais l'à moitié ? » ou encore « éléphant — elfe enflé ». Enfin, ce sont bien souvent sur les sonorités que s'appuient les poètes pour inventer de nouveaux mots : Henri Michaux crée dans « Le grand combat » (p. 17) tout un nouveau lexique pour faire entendre ce conflit et sa violence.

## 2. *Jeux à la rime*

La rime est l'endroit du vers où jouer avec les sons a le plus de résonnance. Et ce n'est pas un phénomène récent : quand on observe la « Petite épître au roi » de Clément Marot, qui date du XVIᵉ siècle, on trouve déjà ce goût pour le jeu. Deux à deux, les vers reprennent un ou plusieurs mots pour former une rime riche : rimailleurs / rime ailleurs ; ma rimaille / marri maille. Et il n'hésite pas à inventer des mots : « je m'enrime »,

« rimart », « rimassé » sont trouvés pour compléter la rime homonyme. On évoque également une ruse de Victor Hugo qui, pour les besoins d'une rime avec « Ruth se demandait », dans « Booz endormi », invente la ville de Jérimadeth (Jérimadeth = « j'ai rime à dait »).

En matière de rimes, certains poètes se font virtuoses. En 1887, Stéphane Mallarmé publie un sonnet construit avec les seules deux rimes, « or » et « yx », « Ses purs ongles très haut… », poème que l'on désigne aussi comme le sonnet en « -yx » tant cette rime est rare et recherchée ; d'ailleurs, pour pouvoir la respecter, le poète utilise un mot que l'on ne trouve nulle part ailleurs, le mot « ptyx » qu'il a vraisemblablement inventé pour la beauté de la rime ! Bien d'autres poèmes présentent un jeu sur les sonorités des rimes rares : le chanteur Serge Gainsbourg aimait s'amuser avec les mots, certains de ses textes jouent de façon similaire avec les rimes inattendues, comme celui d'une chanson de 1968, « Comment te dire adieu », dans laquelle, pour respecter la rime en -ex, il coupe les mots : « ex-/plication » ou « surex-/poser ». On peut même trouver des exemples extrêmes, ce que l'on nomme des vers holorimes : deux vers qui riment totalement ensemble, où chaque syllabe trouve son écho dans un autre vers. Victor Hugo s'y est lui-même essayé. Et au début du XXᵉ siècle, Alphonse Allais, auteur reconnu pour ses textes humoristiques, en a composé de nombreux, comme ceux-ci :

> Par les bois du Djinn, où s'entasse de l'effroi
> Parle et bois du gin ou cent tasses de lait froid.

ou :

> Si, mon fils, ton tutu raccommodé part.
> Simon, fiston, tu tueras comme au départ.

### 3. *Autres jeux de mots*

Les poètes jouent aussi avec la grammaire, pouvant aller jusqu'à s'imposer une seule et même catégorie de mots. Jean Tardieu a donné à ses poèmes des titres qui mettent en lumière la contrainte grammaticale qu'il s'est donnée : « Participes » (p. 26), « Au conditionnel », « Études de pronom », « Épithètes »... Autre contrainte possible, celle de Georges Perec dans « Déménager » (p. 19) : n'employer que des verbes à l'infinitif et trouver un classement et une mise en page qui traduise le passage du temps, le déroulé chronologique que la conjugaison apporte ordinairement. Bien des poètes jouent aussi avec la répétition d'une même construction syntaxique, on a même donné un nom précis à cette répétition en début de vers : une anaphore. Arthur Rimbaud commence les vers d'« Enfance » par « Il y a... », Cendrars répète le mot « Île » noyau de groupes nominaux dans le poème « Îles » (p. 31), Francis Dannemark commence de la même façon les vers des deux quatrains (p. 32).

## 2.

## Jouer avec les formes

### 1. *Le vers, une contrainte fondatrice*

La poésie a pour particularité d'être une expression rythmée et mesurée : dans l'Antiquité, on distinguait même les syllabes longues et courtes, on comptait alors en pieds, un terme qui n'a plus de raison d'être mais est resté longtemps utilisé même si les syllabes avaient

toutes la même longueur. Le chanteur Claude Nougaro
parlait, par exemple, de « la bête aux douze pieds qui
marche sur la tête » dans une chanson au titre-déclara-
tion, « Vive l'alexandrin » (*Pacifique*, 1989). Ce compte
des syllabes est important dans la poésie traditionnelle,
les poètes s'y soumettent généralement et adoptent un
même nombre de syllabes — un mètre — pour leurs
vers. Les mètres les plus souvent utilisés sont assez longs
et de nombre pair : octosyllabes (huit syllabes), décasyllabes (dix) et alexandrins (douze). Mais les poètes ont
aussi joué avec d'autres formes de vers. Au XVIIᵉ siècle,
Scarron compose une « Épître à monsieur Sarazin »
(p. 45) en vers de trois syllabes. Jean Tardieu, au
XXᵉ siècle, écrit un poème dans lequel chaque vers est
un participe passé de deux syllabes (p. 26). En 1829,
dans *Les Orientales*, Victor Hugo compose des strophes
différentes dans un célèbre poème, « Les Djinns »
(p. 37) : la première strophe est faite de vers de deux
syllabes, la seconde, de trois syllabes, puis chacune s'al-
longe d'une syllabe jusqu'à dix avant de poursuivre le
chemin inverse et de se clore sur une dernière strophe
où les vers font à nouveau deux syllabes. C'est dire si
l'écriture d'un tel poème joue avec la contrainte !

## 2. *Calligrammes et mises en page*

Le mot « calligramme » a été inventé par Guillaume
Apollinaire qui le donne comme titre d'un recueil
publié en 1918. Il rassemble deux mots — calligraphie
et idéogramme — et désigne un poème où les mots sont
disposés sur la page pour former un dessin (p. 69). Toutefois, le calligramme existait bien avant : on en trouve
des exemples dans la poésie antique et dans celle du
Moyen Âge. Au XVIᵉ siècle, Rabelais figure une bouteille

avec des lettres, par exemple. Après lui, au XVIIe siècle, composer des vers figurés — puisque c'est le nom qu'on leur donnait — devint un jeu aristocratique dans les salons. Quand Apollinaire le reprend à son compte, c'est pour rehausser le sens du poème, mettant certains mots en valeur par la mise en page. Peu de poètes ont fait suite à ces poèmes dont la forme se veut imitation de l'objet dont ils traitent. Par contre, ils sont nombreux à avoir choisi d'abandonner la disposition traditionnelle des vers et des strophes pour une disposition plus originale : les carrés de Pierre Reverdy, ou ses poèmes aux vers libres (p. 44, p. 76) qui commencent à différents endroits de la page, sans être alignés à une même marge.

Tout récemment, Bernard Friot et Catherine Louis proposent des idées pour écrire des « presque poèmes », obtenus grâce à la mise en page et à l'illustration car, selon eux : « Le geste graphique engendre et complète l'expression poétique. D'ailleurs, écrire, c'est aussi occuper un espace, entre vide et plein, comme chanter (ou parler), c'est jouer avec le silence, le rompre pour le mieux faire résonner. » (*Presque poèmes écriture poétique*, Éditions de La Martinière Jeunesse, 2005.) Jouer avec le blanc de la page, beaucoup de poètes modernes l'ont fait : depuis l'expérience de Mallarmé dans un poème intitulé « Un coup de dé jamais n'abolira le hasard » (1897), la typographie entre pour une part importante dans la perception du poème : l'utilisation des italiques chez Tardieu (p. 78) ou des majuscules dans le poème de Paul Nougé.

L'
intérieur de votre tête
n'est pas cette
Masse
GRISE et BLANCHE
que l'on vous a dite

Pierre et Ilse Garnier ont donné le nom de spatialisme à leur poésie : il s'agit de mots et de lettres disposés dans la page pour donner une impression visuelle et sonore, mais il n'est plus question d'une langue complète, constituée grammaticalement pour former un sens.

## 3.  *Poésie régulière et irrégulière*

L'histoire de la poésie en France s'inscrit, jusqu'au XIXᵉ siècle, dans une tradition d'imitation et de mise en place de règles d'écriture : les formes fixes en sont le meilleur exemple. On écrivait un sonnet en respectant les règles de disposition des vers en deux quatrains et deux tercets et en adoptant le schéma imposé des rimes (deux rimes seulement qui se répètent dans les deux quatrains et trois autres dans les tercets). De même, on écrivait une ballade ou un rondeau en s'adaptant aux formes imposées. Loin d'être une simple contrainte, la reprise de ces formes fixes présente une part de jeu : réussir à se couler dans un moule relève du défi, transformer les règles présente aussi un aspect ludique. Les membres de l'OuLiPo s'en sont fait une spécialité : ils ont institué un ensemble de contraintes et ont créé, avec elles et grâce à elles, de nombreux textes. Le premier à avoir transformé pour s'en amuser la forme stricte du sonnet est Raymond Queneau avec *Cent mille milliards de poèmes* : c'est un livre composé de dix feuillets découpés en quatorze bandes horizontales ; sur chaque bande, un vers ; dès lors l'ensemble des combinaisons de ces bandes permet de lire autant de sonnets différents que l'on veut.

En allant sur le site de l'OuLiPo, on se rend compte que les contraintes poétiques sont aussi nombreuses que

variées : on y trouve, entre autres, trois types d'alexandrins — greffé, jouetien (du nom de Jacques Jouet, un
des membres du groupe) et oral —, deux d'acrostiches
et quatre de sonnets, sans compter les formes fixes ; on y
rencontre aussi l'antérime, à ne pas confondre avec l'an-
tirime, le chronopoème et le sardinosaure (p. 25)…

Bien des poèmes font signe à d'autres poèmes : aux
textes canoniques de La Fontaine répondent des fables
dont l'écriture même est ludique. Queneau leur a fait
subir plusieurs principes oulipiens. Ainsi, « La cimaise et
le fraction » est la transformation de « La Cigale et la
Fourmi », selon la méthode S+7 : chaque mot est rem-
placé par le septième mot de même nature grammaticale qui le suit dans un dictionnaire ; « Essai de
translation sémantique de la fable I de La Fontaine vers
la fable II » est un mixte entre deux fables très connues,
« La Cigale et la Fourmi » et « Le Corbeau et le
Renard »… Bien d'autres écrivains se sont amusés à pas-
ticher les fables, et non des moindres : Jean Anouilh,
Françoise Sagan, Andrée Chedid…

Autre forme reine, le sonnet a souvent été objet de
parodies diverses : Georges Fourest imagine un « Pseudo-
sonnet que les amateurs de plaisanterie facile proclame-
ront le plus beau du recueil », uniquement composé de
quatorze vers identiques, une suite de x ; autre détour-
nement de la forme fixe, « Le petit sonnet » de Gilles
Brulet (*Poèmes à l'air libre*) ne se termine pas au quator-
zième vers, mais se conclut par un troisième tercet,
encouragement à s'échapper des modèles trop rigides :

> Allez sauve-toi sauve-toi petit
> J'ai ouvert ton corset
>
> Allez zou ! et bon vent !

**Des idées pour lire, écrire, jouer…**

Jacques CHARPENTREAU, *Jouer avec les poètes*, « Fleurs d'encre », Le Livre de poche jeunesse.

Philippe COSTA, *Petit manuel pour écrire des haïku*, Philippe Picquier.

Bernard FRIOT, *L'Agenda du (presque) poète*, Éditions de La Martinière Jeunesse.

Album Dada Mango jeunesse : des anthologies illustrées, par poètes (*Le Éluard, Le René Char…*) ou par pays (*La poésie allemande, chinoise, arabe…*)

« Folio junior poésie » : une collection destinée aux adolescents dans laquelle on trouve des anthologies thématiques et des recueils consacrés à un poète.

# Groupement de textes thématique

## Poésie et mathématiques

LA POÉSIE EST SOUVENT CONSIDÉRÉE COMME L'ÉCRITURE la plus éloignée qui soit des sciences. Ses thèmes les plus connus ? La nature, l'amour, la mélancolie et l'ensemble des sentiments, la mort, le rêve… la liste est longue. Mais les sciences ? Sans doute ne figurent-elles pas parmi les sujets que nous considérons comme poétiques. La précision des sciences, leur froideur objective s'opposeraient-elles à la poésie, plus humaine ? Ce serait oublier que la poésie, par son décompte des syllabes, le travail sur le rythme et la rigueur des règles classiques de la versification, entretient un lien véritable avec les sciences, et avec les mathématiques plus spécifiquement comme l'ont montré les jeux poétiques du groupe de l'OuLiPo dont les contraintes sont souvent mathématiques. Mais depuis longtemps, en vérité, les poèmes évoquent les outils et les règles mathématiques.

### Jean DESMARETS DE SAINT-SORLIN
### (1595-1676)

*Les Amours du compas et de la règle*
*et ceux du soleil et de l'ombre* (1637)

*Jean Desmarets de Saint-Sorlin, conseiller de Louis XIII, est*
*un protégé de Richelieu. Il compose pour lui des tragédies et*
*quelques pièces en vers comme ce poème que l'on a longtemps*
*attribué, à tort, à Charles Perrault. Dans ce conte burlesque, le*
*poète provoque une rencontre improbable entre les deux instru-*
*ments du mathématicien, devenus de véritables personnages*
*aux multiples aventures. Desmarets de Saint-Sorlin imagine*
*la naissance du compas, issu du cerveau d'un jeune homme,*
*Perdix, neveu de Dédale. Mais la jalousie de ce dernier se*
*retourne d'abord contre le génie créateur, puis contre sa créa-*
*ture, obligée de s'enfuir pour lui échapper. Pour le réconforter,*
*Jupiter annonce au compas qu'il deviendra « le digne époux*
*de la fille d'un Dieu ».*

Le compas glorieux se réveille en sursaut,
Ému de cette vue et d'un honneur si haut.
Il rend grâce au soleil, et, ferme comme un aigle,
Le regarde et s'en va, puis rencontre la règle,
Droite, d'un grave port, pleine de majesté,
Inflexible, et surtout observant l'équité.
Il arrête ses yeux, la contemple et s'étonne.
Aussi tôt, pour l'aimer, son âme l'abandonne.
Et, sans se souvenir des propos du soleil,
Adore ce miracle et le croit sans pareil.
Il l'aborde, et, rempli d'une honnête assurance,
Tournant la jambe en arc, lui fait la révérence.
Pour rendre le salut qu'il donnait humblement,
Elle ne daigna pas se courber seulement.

[...]

Le compas ressentit un plaisir non pareil,
La connaissant alors pour fille du soleil.
Il vit naître l'espoir d'acquérir sa maîtresse,
Roulant en son esprit la divine promesse.
Doncques, rempli d'audace, il lui tint ce discours :
« Et ce même soleil m'a promis vos amours.
— Quoi ! dit-elle en riant, je serais la conquête
D'un amant qui n'aurait que les pieds et la tête ?
Mon père, si puissant, m'imposerait la loi
De recevoir pour maître un tel monstre que toi ?
Va présenter ailleurs tes impuissantes flammes,
Amant trop inhabile au service des dames.
— Toutefois nos amours, répliqua le compas,
Produiront des enfants qui vaincront le trépas.
De nous deux sortira la belle architecture,
Et mille nobles arts pour polir la nature.
— N'espère pas, dit-elle, ébranler mon repos,
Ou, pour autoriser tes étranges propos,
Tâche à plaire à mes yeux par quelques gentillesses,
Et montre des effets pareils à tes promesses. »
Le compas aussitôt sur un pied se dressa,
Et de l'autre, en tournant, un grand cercle traça.
La règle en fut ravie, et soudain se vint mettre
Dans le milieu du cercle, et fit le diamètre.
Son amant l'embrassa, l'ayant à sa merci,
Tantôt s'élargissant et tantôt raccourci ;
Et l'on vit naître alors de leurs doctes postures
Triangles et carrés, et mille autres figures.

**Victor HUGO (1802-1885)**

*Les Contemplations* (1856)

(Poésie/Gallimard)

*Dans* Les Contemplations, *Victor Hugo compose des
poèmes à partir de ses souvenirs d'enfance. Le treizième poème
du recueil, «À propos d'Horace», est une longue plainte
contre les professeurs de collège qui transforment toute beauté*

*et toute poésie en règles, contraintes et punitions ! La charge*
*est violente : « Je vous hais pédagogues ! » s'écrie le poète. C'est,*
*en effet, à l'enseignement qu'il s'en prend, un enseignement*
*qu'il réprouve, dont il rejette les méthodes, et l'enseignement*
*des mathématiques, comme celui des lettres, est l'objet de sa*
*critique.*

Après l'abbé Tuet, je maudissais Bezout[1] ;
Car, outre les pensums[2] où l'esprit se dissout,
J'étais alors en proie à la mathématique.
Temps sombre ! enfant ému du frisson poétique,
Pauvre oiseau qui heurtais du crâne mes barreaux,
On me livrait tout vif aux chiffres, noirs bourreaux ;
On me faisait de force ingurgiter l'algèbre :
On me liait au fond d'un Boisbertrand[3] funèbre ;
On me tordait, depuis les ailes jusqu'au bec,
Sur l'affreux chevalet des X et des Y;
Hélas ! on me fourrait sous les os maxillaires
Le théorème orné de tous ses corollaires ;
Et je me débattais, lugubre patient
Du diviseur prêtant main-forte au quotient.
De là mes cris.          Un jour, quand l'homme sera sage,
Lorsqu'on n'instruira plus les oiseaux par la cage,
Quand les sociétés difformes sentiront
Dans l'enfant mieux compris se redresser leur front,
Que, des libres essors ayant sondé les règles,
On connaîtra la loi de croissance des aigles,
Et que le plein midi rayonnera pour tous,
Savoir étant sublime, apprendre sera doux.
Alors, tout en laissant au sommet des études
Les grands livres latins et grecs, ces solitudes
Où l'éclair gronde, où luit la mer, où l'astre rit,
Et qu'emplissent les vents immenses de l'esprit,
C'est en les pénétrant d'explication tendre,

---

1. Mathématicien auteur de manuels.
2. Travail ennuyeux et pénible.
3. Auteur d'un manuel d'algèbre.

En les faisant aimer, qu'on les fera comprendre.
Homère emportera dans son vaste reflux
L'écolier ébloui ; l'enfant ne sera plus
Une bête de somme attelée à Virgile ;
Et l'on ne verra plus ce vif esprit agile
Devenir, sous le fouet d'un cuistre ou d'un abbé,
Le lourd cheval poussif du pensum embourbé.

## Jules SUPERVIELLE (1884-1960)

### « Mathématiques »

### *Gravitations* (1925)

### (Poésie/Gallimard)

*Jules Supervielle est l'un des poètes reconnus du XXᵉ siècle.
Son recueil* Gravitations *emprunte son titre au domaine des
sciences : il y est question d'astrologie et d'astronomie, de géo-
logie et de mathématiques, un titre qu'il donne à l'un de ses
poèmes, dédié à une femme-peintre espagnole, Maria Blan-
chard.*

Quarante enfants dans une salle,
Un tableau noir et son triangle,
Un grand cercle hésitant et sourd
Son centre bat comme un tambour.

Des lettres sans mots ni patrie
Dans une attente endolorie.

Le parapet dur d'un trapèze,
Une voix s'élève et s'apaise
Et le problème furieux
Se tortille et se mord la queue.

La mâchoire d'un triangle s'ouvre
Est-ce une chienne ? Est-ce une louve ?

Et tous les chiffres de la terre,
Tous ces insectes qui défont
Et qui refont leur fourmilière
Sous les yeux fixes des garçons.

### Robert DESNOS (1924-1945)

« Par un point situé sur un plan… »

*La géométrie de Daniel* (1939)

(Gallimard/Quarto)

*Robert Desnos est l'un des premiers poètes à avoir écrit spé-cifiquement pour les enfants. Vous connaissez peut-être ses* Chantefables *et ses* Chantefleurs *? En 1939, il compose un recueil pour le fils d'un de ses amis, le musicien Darius Milhaud. Il n'a été publié qu'en 1975, trente ans après la mort du poète. Il s'agit d'un ensemble de sept poèmes ayant tous un rapport avec la géométrie et ses formes : carré, étoile, parabole…*

Par un point situé sur un plan
On ne peut faire passer qu'une perpendiculaire à ce plan.
On dit ça…
Mais par tous les points de mon plan à moi
On peut faire passer tous les hommes, tous les animaux de la terre.
Alors votre perpendiculaire me fait rire.
Et pas seulement les hommes et les bêtes
Mais encore beaucoup de choses
Des cailloux
Des fleurs
Des nuages
Mon père et ma mère
Un bateau à voiles
Un tuyau de poêle
Et si cela me plaît
Quatre cents millions de perpendiculaires.

## GUILLEVIC (1907-1997)

« Parallèles »

### *Euclidiennes* (1967)

(Poésie/Gallimard)

*Guillevic s'intéresse très tôt aux sciences : il passe un bacca-lauréat de mathématiques et pense poursuivre des études de physique-chimie. Mais les aléas de la vie l'obligent à abandonner cette voie pour entrer plus rapidement dans le monde du travail. En 1967, il compose le recueil* Euclidiennes *dans lequel apparaît un monde mathématique de formes et de droites où les figures géométriques prennent même la parole.*

On va, l'espace est grand,
On se côtoie,
On veut parler.
Mais ce qu'on se raconte
L'autre le sait déjà,
Car depuis l'origine
Effacée, oubliée,
C'est la même aventure.
En rêve on se rencontre,
On s'aime, on se complète.
On ne va plus loin
Que dans l'autre et dans soi.

## Marie DESPLECHIN (née en 1959)

### *Doubles jeux, Fantaisies sur des mots mathématiques par 40 auteurs* (2000)

(recueil de Stella Baruk, Le Seuil)

*En 2000, la mathématicienne Stella Baruk, très intéressée par la pédagogie et soucieuse de la transmission du savoir scientifique, recueille des textes dans lesquels divers écrivains s'amusent avec les mots du registre mathématique. Parmi eux, Marie Desplechin, auteure reconnue pour ses romans pour la jeunesse mais aussi pour ses livres pour adultes.*

L'abscisse est la cruelle Maîtresse de l'ordonnée.
À peine se sont-elles croisées
qu'elles enfantent, baptisent et domicilient un petit point
dont il faut reconnaître — à regret — qu'elles ne prennent aucun soin.
L'abscisse en effet n'a de cesse que de rencontrer une nouvelle
ordonnée
plus jeune, plus belle,
à laquelle elle fera illico un nouveau petit point unique,
qu'elle abandonnera comme le précédent,
le vouant le plus souvent
à la solitude paranoïaque des corps totalement ordonnés.

## Michel BUTOR (né en 1926)

« Le sang des chiffres »

*Octogénaire* (2006)

(Édition des Vanneaux)

*Michel Butor a commencé sa carrière d'écrivain avec des romans d'un nouveau genre : il fait, en effet, partie du Nouveau Roman, un groupe d'auteurs qui cherchent à renouveler le genre. Mais son œuvre romanesque n'a eu qu'un temps, entre 1954 et 1960. Michel Butor est surtout un poète, et plus particulièrement un auteur qui aime dialoguer avec d'autres artistes comme Georges Autard, ancien professeur de mathématiques devenu peintre à qui ce poème est dédié.*

On s'imagine
souvent que les nombres

sont blancs et froids
comme des cristaux de neige
et que les mathématiciens
skient sur leurs pentes
en respirant l'air le plus pur

On s'imagine
que c'est le meilleur refuge
contre les tourments de nos viscères
la pollution de nos cerveaux
les déchirements de nos familles
les haines entre nations et races
les sursauts de la barbarie

Et c'est bien vrai qu'ils peuvent l'être
si le mathématicien le mérite
c'est-à-dire s'il a bien compris
qu'ils sont souvent tout autre chose
et que d'innombrables cadavres
pourrissent cloués sur les chiffres
statistiques ou matricules

Il y a des nombres tranquilles
d'autres en danger d'explosion
il y a des nombres tout simples
et d'autres remplis de recoins
d'obscurités palpitations
de crissements et perspectives
grondements précipitations

Ce sont les calculs qui permettent
bombardements exploitations
aussi bien qu'envols délivrances
explorations et guérisons
il y a des nombres qui brûlent
et d'autres qui nous emprisonnent
dégoulinant de nos malheurs

Dans le labyrinthe des chiffres
il y a jardins et donjons

plages délices et tortures
des ruisseaux de lave et de sang
à distiller en élixir
pour la fontaine de jouvence

# Groupement de textes stylistique

## Comparaison et métaphore

COMPARAISONS ET MÉTAPHORES SONT DEUX FIGURES constitutives de l'écriture poétique. « Comme, je dis comme et tout se métamorphose, le marbre en eau, le ciel en orange, le vin en plaine, le fil en six, le cœur en peine, la peur en Seine », écrit le poète Robert Desnos (« Comme »). En opérant des rapprochements parfois inattendus, ces deux images ouvrent un espace neuf dans lequel les éléments entrent en relation, dans lequel se tissent des liens entre des réalités ou des idées qui semblaient éloignées les unes des autres. Bien sûr, les poèmes en présentent de nombreux exemples, jouant sur les images attendues — les clichés — ou surprenantes — dans l'écriture surréaliste notamment. Mais on en trouve aussi dans toute forme d'écriture littéraire : romans ou pièces de théâtre comme vous allez le voir.

### Charles BAUDELAIRE (1821-1867)

« L'albatros »

## Les Fleurs du mal (1857)

(« Folioplus classiques »)

*Charles Baudelaire est l'un des grands poètes du XIXe siècle.
Son recueil* Les Fleurs du mal *a fait scandale : il ne corres-
pondait pas à l'idée répandue de la poésie et notamment de
par la nouveauté des thèmes abordés. Dans « L'albatros », il
fait le portrait du poète grâce à une comparaison : il y revendique l'isolement qui est le sien.*

Souvent, pour s'amuser, les hommes d'équipage
Prennent des albatros, vastes oiseaux des mers,
Qui suivent, indolents[1] compagnons de voyage,
Le navire glissant sur les gouffres amers.

À peine les ont-ils déposés sur les planches,
Que ces rois de l'azur, maladroits et honteux,
Laissent piteusement leurs grandes ailes blanches
Comme des avirons traîner à côté d'eux.

Ce voyageur ailé, comme il est gauche et veule[2] !
Lui, naguère si beau, qu'il est comique et laid !
L'un agace son bec avec un brûle-gueule[3],
L'autre mime, en boitant, l'infirme qui volait !

Le Poète est semblable au prince des nuées
Qui hante la tempête et se rit de l'archer ;
Exilé sur le sol au milieu des huées,
Ses ailes de géant l'empêchent de marcher.

---

1. Paresseux.
2. Faible, sans énergie.
3. Une pipe.

## Henri de RÉGNIER (1864-1936)

### « Le jardin mouillé »

### *Les Médailles d'argile* (1900)

### (Mercure de France)

*Henri de Régnier est lié au courant symboliste qui anime la fin du XIXᵉ siècle, en poésie comme en peinture. Il s'agissait pour ces artistes de traduire le monde abstrait et invisible, le monde des idées, par des symboles et des images. Les comparaisons et les métaphores doivent donc permettre de donner une image concrète, sensible, d'un monde immatériel. C'est ce que nous donne à lire ce poème qui traduit un sentiment, une impression, grâce à une métaphore bien particulière, la personnification.*

La croisée[1] est ouverte ; il pleut
Comme minutieusement,
À petit bruit et peu à peu,
Sur le jardin frais et dormant,

Feuille à feuille, la pluie éveille
L'arbre poudreux[2] qu'elle verdit ;
Au mur, on dirait que la treille
S'étire d'un geste engourdi.

L'herbe frémit, le gravier tiède
Crépite et l'on croirait là-bas
Entendre sur le sable et l'herbe
Comme d'imperceptibles pas.

Le jardin chuchote et tressaille,
Furtif et confidentiel ;
L'averse semble maille à maille
Tisser la terre avec le ciel.

---

1. Fenêtre.
2. Poussiéreux.

Il pleut, et, les yeux clos, j'écoute,
De toute sa pluie à la fois,
Le jardin mouillé qui s'égoutte
Dans l'ombre que j'ai faite en moi.

## Raymond QUENEAU (1903-1976)
### *Exercices de style* (1947)
(« Folioplus classiques »)

*Exercices de style raconte une seule et même histoire de quatre-vingt-dix-neuf façons différentes : récit, théâtre, poésie, toutes les formes, tous les genres sont sollicités. Parmi les premières variations — à tout seigneur, tout honneur ! —, la métaphore. Saurez-vous toutes les retrouver et les analyser ? Pour cela comparez la version neutre (« Notations ») à la version imagée (« Métaphoriquement »).*

### Notations

Dans l'S[1], à une heure d'affluence. Un type dans les vingt-six ans, chapeau mou avec cordon remplaçant le ruban, cou trop long comme si on lui avait tiré dessus. Les gens descendent. Le type en question s'irrite contre un voisin. Il lui reproche de le bousculer chaque fois qu'il passe quelqu'un. Ton pleurnichard qui se veut méchant. Comme il voit une place libre, se précipite dessus.

Deux heures plus tard, je le rencontre cour de Rome, devant la gare Saint-Lazare. Il est avec un camarade qui lui dit : « Tu devrais faire mettre un bouton supplémentaire à ton pardessus. » Il lui montre où (à l'échancrure) et pourquoi.

---

1. Ligne d'un autobus parisien.

**Métaphoriquement**

Au centre du jour, jeté dans le tas des sardines voyageuses d'un coléoptère à l'abdomen blanchâtre, un poulet au grand cou déplumé harangua soudain l'une, paisible, d'entre elles et son langage se déploya dans les airs, humide d'une protestation. Puis attiré par un vide, l'oisillon s'y précipita. Dans un morne désert urbain, je le revis le jour même se faisant moucher l'arrogance pour un quelconque bouton.

### Francis PONGE (1899-1988)

« La barque »

*Pièces* (1961)

(Poésie/Gallimard)

*Dans ses poèmes Francis Ponge nous permet de voir d'un œil neuf le monde qui nous entoure : en jouant avec les mots, leurs sonorités et leurs sens, le poète redonne toute leur nouveauté, toute leur étrangeté à des objets du quotidien. Dans « La barque », ce sont les images, les successions de comparaisons et de métaphores qui permettent de voir mieux, ou autrement, une simple barque.*

La barque tire sur sa longe[1], hoche le corps d'un pied sur l'autre, inquiète et têtue comme un jeune cheval. Ce n'est pourtant qu'un assez grossier réceptacle, une cuiller de bois sans manche : mais, creusée et cintrée pour permettre une direction du pilote, elle semble avoir son idée, comme une main faisant le signe couci-couça. Montée, elle adopte une attitude passive, file doux, est facile à mener. Si elle se cabre, c'est pour les besoins de la cause. Lâchée seule, elle suit le courant et va, comme tout au monde, à sa perte tel un fétu[2].

---

1. Corde.
2. Brin de paille.

## MOLIÈRE (1622-1673)

### *Le Malade imaginaire* (1673)

(«Folioplus classiques»)

*Poétiques les images ? Pas toujours ! Molière aimait se moquer des défauts de ses contemporains : l'avarice des pères de famille, le ridicule des prétentieux, l'ignorance tragique des médecins… Parmi les cibles de ses critiques, le goût qu'ont certaines personnes pour l'expression figurée. C'est le défaut qui caractérise Thomas Diafoirus lorsqu'il vient demander en mariage Angélique, la fille d'Argan : son envie de créer des comparaisons et des métaphores le rend risible. Quant à monsieur Diafoirus, son père, quelle image donne-t-il de son fils grâce aux comparaisons ? Il y a matière à rire là encore.*

THOMAS DIAFOIRUS : Mademoiselle, ne plus ne moins que la statue de Memnon rendait un son harmonieux lorsqu'elle venait à être éclairée des rayons du soleil, tout de même me sens-je animé d'un doux transport à l'apparition du soleil de vos beautés et, comme les naturalistes remarquent que la fleur nommée héliotrope tourne sans cesse vers cet astre du jour, aussi mon cœur dores-en-avant tournera-t-il toujours vers les astres resplendissants de vos yeux adorables, ainsi que vers son pôle unique. Souffrez donc, mademoiselle, que j'appende[1] aujourd'hui à l'autel de vos charmes l'offrande de ce cœur qui ne respire et n'ambitionne autre gloire que d'être toute sa vie, mademoiselle, votre très humble, très obéissant, et très fidèle serviteur et mari.

TOINETTE, *en le raillant* : Voilà ce que c'est que d'étudier ! on apprend à dire de belles choses.

ARGAN : Eh ! que dites-vous de cela ?

CLÉANTE : Que monsieur fait merveilles et que, s'il est aussi bon médecin qu'il est bon orateur, il y aura plaisir à être de ses malades.

---

1. Que je suspende, que j'apporte.

TOINETTE : Assurément. Ce sera quelque chose d'admirable, s'il fait d'aussi belles cures qu'il fait de beaux discours.

ARGAN : Allons, vite, ma chaise, et des sièges à tout le monde. Mettez-vous là, ma fille. Vous voyez, monsieur, que tout le monde admire monsieur votre fils ; et je vous trouve bien heureux de vous voir un garçon comme cela.

MONSIEUR DIAFOIRUS : Monsieur, ce n'est pas parce que je suis son père ; mais je puis dire que j'ai sujet d'être content de lui, et que tous ceux qui le voient, en parlent comme d'un garçon, qui n'a point de méchanceté. Il n'a jamais eu l'imagination bien vive, ni ce feu d'esprit qu'on remarque dans quelques-uns ; mais c'est par là que j'ai toujours bien auguré de sa judiciaire, qualité requise pour l'exercice de notre art. Lorsqu'il était petit, il n'a jamais été ce qu'on appelle mièvre et éveillé. On le voyait toujours doux, paisible et taciturne[1], ne disant jamais mot, et ne jouant jamais à tous ces petits jeux que l'on nomme enfantins. On eut toutes les peines du monde à lui apprendre à lire ; et il avait neuf ans, qu'il ne connaissait pas encore ses lettres. Bon, disais-je en moi-même : les arbres tardifs sont ceux qui portent les meilleurs fruits. On grave sur le marbre bien plus malaisément que sur le sable ; mais les choses y sont conservées bien plus longtemps ; et cette lenteur à comprendre, cette pesanteur d'imagination, est la marque d'un bon jugement à venir. Lorsque je l'envoyai au collège, il trouva de la peine ; mais il se raidissait contre les difficultés ; et ses régents[2] se louaient toujours à moi de son assiduité et de son travail. Enfin, à force de battre le fer, il en est venu glorieusement à avoir ses licences ; et je puis dire, sans vanité que, depuis deux ans qu'il est sur les bancs, il n'y a point de candidat qui ait fait plus de bruit que lui dans toutes les disputes de notre école. Il s'y est rendu

---

1. Qui ne parle pas.
2. Maîtres.

redoutable ; et il ne s'y passe point d'acte où il n'aille argumenter à outrance pour la proposition contraire. Il est ferme dans la dispute, fort comme un Turc sur ses principes, ne démord jamais de son opinion, et poursuit un raisonnement jusque dans les derniers recoins de la logique.

(Acte II, scène 5)

# Chronologie

## La poésie en quelques repères

## *1.*

## L'Antiquité : poésie grecque
## et poésie latine

L'histoire de la poésie française plonge ses racines dans l'Antiquité gréco-romaine. Les modèles des premiers poètes français vivaient en Grèce et dans l'Empire romain longtemps avant que la France ne soit un royaume constitué dans lequel puisse apparaître une littérature. La poésie est, en Grèce, une poésie chantée ou récitée, souvent accompagnée d'un instrument. Le poète est un homme inspiré par les dieux : son rôle est de révéler aux hommes une parole qui le dépasse. À côté des grandes épopées et de la poésie dramatique apparaît une poésie lyrique, amoureuse, composée de poèmes plus courts et plus personnels. Quelques noms sont parvenus jusqu'à nous, ainsi que des extraits de leurs œuvres : Sappho (en 617-565 av. J.-C.), auteure de chants d'amour, a exercé une influence profonde sur la poésie amoureuse antique et moderne ; Pindare, un siècle plus tard, est lui aussi l'un des plus célèbres poètes grecs, il est notamment connu pour ses *Épinicies*, des odes écrites pour célébrer les vainqueurs sportifs! Les poètes grecs inventent les premières formes de poésie qui seront reprises ensuite : épithalames (poèmes pour célébrer un mariage), églogues et idylles (poèmes consacrés à la vie champêtre et aux amours simples), odes, calligrammes, épîtres… ces formes sont nombreuses, souvent assez longues (une centaine de vers parfois), mais paraissent courtes par rapport aux épopées et aux tragédies qui font, elles aussi, partie du domaine poétique. C'est en Grèce enfin, dans l'Antiquité, qu'apparaissent les premières fables, des récits dont les animaux sont les acteurs et dont le but est double, s'amuser et donner une leçon de vie, mais, fait étonnant, ces premières fables ne sont pas en vers !

La poésie latine s'inspire de la poésie grecque : on y retrouve la même coexistence sous la dénomination de poésie de genres aujourd'hui différents : narratifs (l'épopée), dramatiques (comédies et tragédies) et poétiques (il s'agit ici de la reprise des formes lyriques plus courtes, comme en Grèce). C'est pourquoi Virgile, auteur de *L'Énéide*, ou Ovide, auteur des *Métamorphoses* figurent comme poètes aux côtés de Catulle (84-54 av. J.-C.), Tibulle (54-19 av. J.-C.) ou Properce (45-15 av. J.-C.), tous trois auteurs de poèmes amoureux. La poésie latine présente aussi des poèmes critiques dans lesquels le poète se fait moralisateur : ce sont les *Satires* d'Horace (65-8 av. J.-C.) et les *Fables* de Phèdre, inspirées de celles d'Ésope.

VIIIᵉ siècle av. J.-C.   poèmes homériques, l'*Iliade* et l'*Odyssée*, premiers textes de la littérature occidentale.
450-400 av. J.-C.   tragédies de Sophocle.

325 av. J.-C.  premier recueil des *Fables* d'Ésope
    (publié deux siècles après sa mort).
52-51 av. J.-C.  *Commentaires sur la guerre des Gaules*,
    Jules César.
29-19 av. J.-C.  *L'Énéide*, Virgile.
an 1 *Les Métamorphoses*, Ovide.
1er siècle  *Fables*, Phèdre, imitées d'Ésope et mises en
    vers.

## 2.

# Le Moyen Âge et la Renaissance :
# multiplication des formes courtes

Les formes apparues dans l'Antiquité se développent
dans la littérature française : les premiers romans,
comme les épopées, sont eux aussi versifiés — on doit
même le nom du vers le plus connu, l'alexandrin, au
*Roman d'Alexandre*! —, mais la poésie comme forme
courte devient importante. On distingue ainsi la ballade
(trois strophes et un envoi), le rondeau (poème de
treize vers et dont le premier vers est répété après le
huitième et après le treizième vers), le triolet (poème
de huit vers fondé lui aussi sur des répétitions), le
virelai... Rutebeuf, Christine de Pisan, Charles d'Or-
léans, Villon : ces premiers poètes ont laissé une œuvre
importante qui est parvenue jusqu'à nous, au gré des
modes, des rééditions et des mises en musique. C'est
alors qu'apparaît le premier groupe de poètes du jeu :
ceux que l'on désigne aujourd'hui comme les «grands
rhétoriqueurs». Poètes de la fin du Moyen Âge, ils
aiment développer la technique d'écriture et multiplient dans leurs poèmes exercices de style et jeux poé-

tiques : acrostiches, calligrammes, palindromes, jeux de rimes et d'images…

Au XVIᵉ siècle, les poètes importent d'Italie une forme nouvelle : le sonnet. Ce poème de quatorze vers a été mis à la mode grâce à un poète italien, Pétrarque. Son recueil, *Canzoniere*, écrit après la mort de Laure, modèle de la femme aimée, fixe les premières règles du sonnet, forme idéale du poème d'amour. Au milieu du XVIᵉ siècle, les poètes français s'emparent du sonnet et en font un poème de prédilection : Clément Marot, Joachim Du Bellay et Pierre de Ronsard en écrivent de nombreux avant que le sonnet ne passe de mode en France mais se répande en Angleterre, au XVIIᵉ siècle, où il sera repris notamment par Shakespeare. Faire du sonnet une forme poétique prisée est, pour les poètes de la Pléiade (un groupe de sept poètes dont font partie Du Bellay et Ronsard), une façon de rompre avec le Moyen Âge et les grands rhétoriqueurs, jugés complexes et superficiels.

| | |
|---|---|
| XIᵉ siècle | *La Chanson de Roland*, première épopée en vers du Moyen Âge. |
| XIIᵉ siècle | *Lais*, Marie de France, courts récits en octosyllabes. |
| 1374 | mort de Pétrarque. |
| 1461 | *Le Testament*, François Villon. |
| 1532 | *Pantagruel*, Rabelais. |
| 1549 | *Défense et illustration de la langue française*, Du Bellay, manifeste en faveur du français comme langue d'écriture. |
| 1555 | *Les Amours de Marie*, Ronsard. |
| 1609 | *Sonnets*, Shakespeare. |

# *3.*

## L'époque classique :
## le royaume des règles

Le XVIIe siècle se distingue en deux parties : la première, imprégnée par les incertitudes et les violences des guerres de religion, est marquée par le courant baroque, la seconde, au cours de laquelle la monarchie absolue s'installe et se développe, est dominée par le classicisme. Le baroque, venu d'Italie, est une esthétique du mouvement, de l'excès, de l'inconstance ; les artistes cherchent à éblouir et à créer la surprise et les jeux poétiques ne sont pas loin. On les retrouve aussi dans les salons mondains qui fleurissent, à l'instar de celui de la marquise de Rambouillet. La préciosité y naît et se présente comme le développement spirituel et raffiné de l'art de plaire et d'éveiller la curiosité : le langage s'y fait énigme, détour et jeu d'esprit. Elle trouve place dans la poésie galante, avant d'être moquée par Molière dans *Les Précieuses ridicules*.

Le classicisme peut se définir comme l'opposé de cette première esthétique : rien de mouvant dans les règles auxquelles se soumettent les artistes. Malherbe (1555-1628), poète officiel du roi, dicte les lois auxquelles tout poète doit désormais se soumettre pour adopter une langue épurée, claire, dictée par la raison. C'est avec lui que se fige la versification française : il fait de l'alexandrin le vers noble, celui des tragédies, alors que l'octosyllabe est préféré pour les pièces moins sérieuses, comédies et fables. Il demande aussi au poète de respecter la syntaxe dans ses vers : le vers et les structures des phrases doivent, si possible, coïncider sans que les phrases ne débordent d'un vers sur l'autre. Le jeu, si jeu il y a, devient d'obéir à cet ensemble de règles. Les dramaturges Corneille et Racine, auteurs de tragédies en vers, sont considérés comme des poètes tant le travail de la langue dans leurs vers est intense ; mais le véritable poète du classicisme est La Fontaine dont les fables, par la maîtrise de la versification, par l'alliance du plaisir et de l'instruction que l'on prend à leur lecture, sont un modèle du classicisme.

---

1637    *Le Cid*, tragi-comédie de Corneille.
1668-1694    *Fables*, La Fontaine.
1677    *Phèdre*, tragédie de Racine.
1688    *Les Caractères*, portraits du moraliste La Bruyère.

---

## 4.

## Le haïku : une tradition japonaise

C'est à la même époque que se développe le « haïku », poème japonais qui se définit par sa simplicité : simplicité d'une forme brève, simplicité des thèmes abordés (le monde tel qu'il se présente au regard dans sa naïveté et son immédiateté). Le premier à avoir fixé les règles du haïku est Matsuo Bashô (1644-1694) : il prend appui sur une forme de poésie comique, le « haïkaï-renga », fait de questions et de réponses. Bashô en détache la première partie pour la rendre autonome et en fait une poésie à la fois subtile et minimaliste. C'est un voyageur : souvent ses haïkus sont mêlés aux notes qu'il prend en voyage, puis recueillis séparément. À partir de 1680, il dirige une école dans son ermitage, entouré de ses disciples. Le haïku est le fruit d'un travail important : un même poème était plusieurs fois poli et retravaillé pour atteindre la perfection voulue ; mais ce n'est pas une poésie intellectuelle, complexe et philosophique, le jeu et l'humour sont constitutifs de ces poèmes. « Le sens de l'humour est indissociable de l'esprit du haïku, il lui est consubstantiel. Le haïku a gardé la mémoire de ce jeu sur les conventions, sur les mots, sur les idées reçues, sur les associations toutes faites dont il est issu. » (*Bashô, Issa, Shiki, L'Art du Haïku*, V. Brochard et P. Senk.) Par la suite, le haïku est devenu un genre populaire au Japon, ses principaux continuateurs sont Buson (1716-1783) qui accompagne ses poèmes d'une peinture, Issa (1763-1828) et Shiki (1867-1902), à qui l'on doit le terme « haïku ».

À la fin du XIXᵉ siècle et au début du XXᵉ, le haïku devient une source d'influence en France et ailleurs dans le monde : en Amérique du Nord et en Europe, notamment. Par sa brièveté et sa simplicité, il intéresse les poètes reconnus, mais aussi les anonymes ; les revues et sites sont nombreux à proposer des haïkus publiés sans nom d'auteur.

| | |
|---|---|
| 1672 | Premier recueil de poèmes de Bashô. |
| 1905 | *Au fil de l'eau*, premier recueil de haïkus composés par des écrivains français. |
| 1916 | *Cent visions de guerre*, Julien Vocance, recueil de haïkus écrits au front. |
| 1920 | Première recension de haïkus français dans la N.R.F. par Jean Paulhan. |
| 1942 | *Cent phrases pour éventails*, Paul Claudel. |

# 5.

## Au XIXᵉ siècle : tradition et renouveau

Le XVIIIᵉ siècle, siècle des Lumières, place la poésie au second plan. Les écrivains veulent d'abord partager des idées et des connaissances : la poésie, règne du jeu et des sentiments, n'existe presque plus. Au XIXᵉ siècle, c'est le mouvement romantique, dans différents pays d'Europe, qui la replace sur le devant de la scène littéraire. Après un siècle où le développement de l'esprit humain et du progrès a occupé la première place, le moi redevient premier et, pour exprimer leurs sentiments, leurs doutes, leurs joies, les écrivains retrouvent la voie du poème. William Blake, Percy Shelley, John Keats en Angleterre, Goethe et Schiller en Allemagne font partie de ce mouvement ; en France, Lamartine, Vigny, Musset, Nerval et Hugo sont des figures marquantes de ce renouveau poétique. La poésie romantique est une poésie de l'épanchement, elle n'est pas toujours le lieu de formes courtes. Certains poèmes sont parfois très longs : *La Légende des siècles* de Hugo renoue avec l'épopée et certains poèmes de Vigny et Lamartine sont découpés en grandes parties, numérotées comme des chapitres. Mais la poésie romantique hérite aussi des poèmes courts et présente à nouveau rondeaux et autres sonnets. Les thèmes lyriques (l'amour, la fuite du temps) dominent, mais apparaît aussi la figure engagée du poète : il est un guide.

Les poètes de la fin du XIXᵉ siècle cherchent à créer une poésie nouvelle. Ils se regroupent parfois en mouvements. On retient le Parnasse (1866-1876) qui rejette la mission romantique du poète et prône une poésie du

Beau, un jeu sur les mots et les sons détaché de toute
utilité d'un message à transmettre. Le symbolisme des
dernières années du siècle, à partir de 1880, veut rendre
perceptible le mystère du monde. Les grands poètes de la
fin du XIXᵉ siècle sont parfois appelés les poètes de la
modernité, ils annoncent les renouvellements du siècle
suivant. Les formes courtes sont nombreuses : Baudelaire, Verlaine, Rimbaud écrivent rarement de longs
poèmes. Leur volonté de rompre avec la tradition est
souvent réaffirmée : refus des règles, prédilection pour
de nouveaux mètres, impairs, thèmes et motifs nouveaux… Cette liberté trouve à s'exprimer avec la création
de nouvelles formes poétiques : le poème en prose de
Baudelaire, le vers libre de Rimbaud ou la musicalité des
mètres impairs de Verlaine. De son côté, Stéphane Mallarmé joue avec la mise en page : les mots et les vers ne
sont plus placés mécaniquement les uns sous les autres,
mais redisposés dans la page de façon que les espaces
blancs, qui ne sont plus simplement autour des vers mais
aussi à l'intérieur de ceux-ci, acquièrent un sens nouveau.

| | |
|---|---|
| 1751-1772 | *L'Encyclopédie,* Diderot et d'Alembert, première encyclopédie française, synthèse des connaissances de son temps, est la grande œuvre des Lumières. |
| 1789 | Révolution française. |
| 1804 | Napoléon empereur. |
| 1842 | *Gaspard de la nuit,* Aloysius Bertrand, premier recueil de poèmes en prose. |
| 1848 | Seconde République. |
| 1857 | *Les Fleurs du mal,* Baudelaire. |
| 1863 | *Les Misérables,* roman de Hugo. |
| 1873 | *Une saison en enfer,* Rimbaud. |
| 1874 | *Romances sans paroles,* Verlaine. |

# 6.

## Les jeux modernes

Au XXᵉ siècle, les poètes suivent les voies de la modernité ouvertes à la fin du XIXᵉ siècle : la poésie de
Guillaume Apollinaire ou de Blaise Cendrars revendique,
en effet, une modernité de forme (vers libres, calligrammes, disparition de la ponctuation…), mais aussi
de thèmes et d'images (entrée du monde moderne :
affiches, monuments, objets…). Après la Première Guerre
mondiale, deux mouvements littéraires se forment pour
rejeter les traditions et provoquer une réaction. Le
premier, le mouvement Dada, travaille sur la matière du
langage ; au moyen de collages, de jeux sur les sons et
les typographies, ses adeptes laissent derrière eux la
question du sens de leurs écrits et veulent avant tout
créer un effet de déconstruction de ce qui existait aupa-
ravant. À leur suite, les surréalistes continuent un travail
de rapprochements inattendus : leurs images (qu'elles
soient poétiques ou visuelles) sont explosives, elles
mettent en contact ce qui, dans les esprits, n'a pas de
rapport. Il s'agit, pour les surréalistes, de lutter contre
tous les conformismes pour libérer entièrement le
langage et la pensée : André Breton, Robert Desnos,
Paul Éluard manipulent les mots, les sons et les images
pour provoquer leurs lecteurs. Mais la poésie du
XXᵉ siècle n'est pas toujours provocatrice, elle sait aussi
montrer des émotions intenses, une attention aux objets
et aux émotions les plus simples, elle va de l'expression
la plus élémentaire, presque transparente, à la com-
plexité la plus grande qui rend certains poèmes très com-
pliqués à comprendre. La poésie contemporaine, depuis

la Seconde Guerre mondiale, est difficile à cerner tant elle est multiple, éparpillée en de nombreuses figures, et présente des intentions et des réalisations différentes. Il faut d'ailleurs désormais prendre en compte la chanson comme l'un des domaines de la poésie : Georges Brassens, Léo Ferré et bien d'autres ont non seulement repris des poèmes en musique, mais ont aussi composé des textes qui sont considérés comme des poèmes à part entière. Plus récemment encore le slam se définit comme une poésie orale, rythmée et déclamée.

Les jeux poétiques se multiplient dans la seconde moitié du xxᵉ siècle : jeux sur les sons, jeux avec les mots et les références. Des poètes comme Raymond Queneau et Boris Vian s'amusent avec l'orthographe des mots, qu'ils cherchent à écrire tels qu'ils les entendent, le poète devenant par exemple « pohéteû » (p. 27) sous la plume de Boris Vian. Quant à Queneau, il fait de la « poaisie » et veut « donner un style au langage parlé » (*Bâtons, chiffres et lettres*) et pour cela a recours à un vocabulaire, une syntaxe et une orthographe plus vivants que vous pouvez voir dans ses poèmes. À sa suite, des écrivains créent l'OuLiPo, « ouvroir de littérature potentielle », dans lequel les jeux littéraires tiennent une place centrale : jeux de lettres, jeux avec les sons, avec les formes poétiques. Aujourd'hui encore les poètes oulipiens s'amusent de contraintes qu'ils s'imposent de respecter, ils publient romans, recueils de poèmes et participent même, depuis 1984, à une émission de radio, une fois par semaine : *Des Papous dans la tête*. Enfin, ces jeux créatifs ont connu des développements variés : l'OuLiPo a donné des idées aux autres et il existe une OuMuPo pour la musique, une OuBaPo pour la bande dessinée, mais aussi une OuliPoPo pour la littérature policière et une OuRaPo pour la radio…

1895   première représentation publique des films des frères Lumière, naissance du cinématographe.

1912   *Les Pâques*, Blaise Cendrars, premier livre de poésie moderne, sans ponctuation.

1913   *Alcools*, Guillaume Apollinaire.

1914-1918   Première Guerre mondiale.

1924   *Manifeste du surréalisme*, André Breton.

1939-1945   Seconde Guerre mondiale.

1946   *Paroles*, Jacques Prévert.

1960   Fondation de l'OuLiPo par Queneau et François Le Lionnais.

1999   création du «Printemps des poètes» destiné à faire connaître la poésie sous toutes ses formes.

**Pour prolonger cette trop rapide histoire**

**Quelques livres :**

Denis FAUCONNIER, *À la découverte de la poésie*, Ellipse, 2001.

Françoise KÉRISEL et Frédéric CLÉMENT, *Bashô, le fou de poésie*, Albin Michel 2009.

Magali WIENER, *La Poésie à travers les âges*, Castor Doc-Flammarion, 2006.

**Des sites à consulter :**

http://www.histoiredesarts.culture.fr/reperes/poesie : une chronologie et des liens sur certains poètes majeurs.

http://www.dominiquechipot.fr : site sur le haïku.

http://www.poesie.webnet.fr/home/index.html : site sur la poésie française du Moyen Âge au XXᵉ siècle.

http://www.florilege.free.fr : site du ministère des Affaires étrangères sur la poésie francophone.

http://www.printempsdespoetes.com : des poèmes, des idées d'animation…

http://wheatoncollege.edu/vive-voix/ : anthologie sonore de poèmes.

Éléments pour une
fiche de lecture

## Regarder le tableau

- Combien y a-t-il de triangles dans cette toile ? De rectangles ? Après avoir divisé le tableau en deux par la
  verticale, commentez la répartition de ces figures
  géométriques au sein de la composition de Paul
  Klee. Que remarquez-vous ?
- Décrivez ce que vous voyez. *Le Pont rouge* vous semble-
  t-il être une peinture abstraite ou figurative ? Pourquoi ?
- Retrouvez le pont qui donne son titre à la toile.
  Entre quels types d'espaces ouvre-t-il un passage selon
  vous ? Argumentez votre réponse en vous appuyant
  sur des éléments précis (soyez, par exemple, attentif
  à l'étonnant tube rose coiffé d'un petit triangle
  blanc sur la droite de l'œuvre…).
- Faites des recherches sur ce qu'est un aplat en peinture. Relevez ensuite les figures peintes suivant cette
  application de la couleur sur la toile par Paul Klee et
  celles qui ne le sont pas. Quel effet donne ce traite-
  ment de la couleur sur l'ensemble de l'œuvre ?
- Trouvez trois adjectifs pour caractériser l'atmosphère du *Pont rouge*.

## À partir de votre lecture

- Regroupez trois à cinq poèmes de ce recueil en fonction d'un point commun (thème, image, date...)
  que vous préciserez en donnant un titre à votre
  groupement de textes.
- Élaborez votre glossaire poétique : pour chacun des
  mots proposés vous donnerez une définition claire
  et un exemple précis trouvé dans les poèmes de
  cette anthologie. Liste des mots de votre glossaire :
  vers, strophe, comparaison, métaphore, sonnet,
  rimes, mètre, alexandrin, octosyllabe.
- Lisez les poèmes du groupement de texte sur les
  comparaisons et les métaphores, reproduisez et
  complétez le tableau d'analyse ci-dessous :

| Titre du poème, nom de l'auteur, date | Image relevée | Comparant (ce dont il est question) | Comparé (ce à quoi le poète pense par rapprochement) | Point(s) commun(s), justification du rapprochement | Comparaison ou métaphore ? |
|---|---|---|---|---|---|
| | | | | | |

- Cherchez des chansons dans lesquelles les chanteurs
  jouent avec les mots et présentez-les à vos camarades
  en répondant aux questions suivantes : qui est l'auteur de ces paroles ? Dans quel album trouve-t-on
  cette chanson (et quelle est sa date de parution) ?
  Comment le texte joue-t-il avec les mots ? Qu'apporte la musique qui accompagne ces paroles ?
- Certains poèmes racontent une histoire, forment un

récit court : trouvez-en trois dans cette anthologie et cherchez ce qui fait d'eux des poèmes.

- Lisez d'autres poèmes et complétez cette anthologie au gré de vos lectures.

## Autour du haïku

- Reproduisez et complétez le tableau suivant avec les haïkus de ce recueil :

| Auteur, pays, date | Élément naturel | Animal présent | Personnage humain | Image (comparaison ou métaphore) |
|---|---|---|---|---|
| | | | | |

- Certains haïkus présentent des objets du monde moderne, retrouvez-les.
- Le haïku permet de dire des sentiments : trouvez-en trois et précisez de quel sentiment chacun est le signe.
- Allez sur le site : http ://www.vieiletang.com qui présente de courtes bandes dessinées sur le haïku. Choisissez l'un de ces dessins et présentez-le à vos camarades : identification des personnages et des lieux, lien avec le haïku, volonté du dessinateur (explication, humour…).

## Dire des poèmes

- Choisissez un poème dans lequel plusieurs voix se font entendre (Tardieu, Prévert) et, par groupe de deux ou trois, entraînez-vous à le dire en vous répartissant les vers.

- Certains poèmes jouent avec la typographie, entraînez-vous à les dire à haute voix en cherchant à faire entendre ce jeu.
- Apprenez vos poèmes préférés de cette anthologie et récitez-les pour faire partager vos choix, lors de la semaine du printemps des poètes, par exemple : n'hésitez pas à aller impressionner votre entourage : parents, professeurs, voisins… en leur disant de beaux textes.
- Écoutez des poèmes lus ou chantés en vous rendant, par exemple, sur les sites suivants : http ://www.agoravox.fr/culture-loisirs/culture/article/playlist-dequelques-poemes-57400
http ://www.deezer.com/fr/playlist/379901925 ?
(playlist du recueil *Je voudrais tant que tu te souviennes*, Poésie/Gallimard)
- Dites ce que vous pensez de cette écoute : qu'apporte l'écoute de plus — ou de moins — que la lecture ? Aimez-vous cette relation avec la poésie ?

## Jeux oulipiens

- Choisissez l'un des poèmes au hasard et appliquezlui la méthode S+7 : tous les noms, adjectifs et verbes doivent être remplacés par le septième nom, adjectif ou verbe que vous trouvez dans le dictionnaire.
- Abécédaire : les initiales des mots de votre texte doivent se suivre dans l'ordre alphabétique.
- Choisissez une lettre et faites-en la consigne de votre texte : cette lettre ne doit jamais être utilisée ; monocosonnantisme ou monovocalisme : votre lettre doit être la seule consonne ou la seule voyelle que vous utilisez.
- Sardinosaure : choisissez deux animaux dont les

noms ont une syllabe en commun (ce doit être la dernière d'un nom — sardine — et la première de l'autre — dinosaure) puis inventez un texte pour présenter votre animal. Vous pouvez aussi écrire un texte à partir de végétaux ou d'objets, vous pouvez même mélanger un animal et un objet, pourquoi pas ?

- D'autres contraintes sont accessibles ici : http://www. oulipo.net

## Autres exercices d'écriture

- Composez-vous un cahier de fabrique de poèmes : vous y récoltez vos poèmes préférés, entiers ou non, juste des vers, de simples mots, même en langues étrangères, des images qui vous viennent à l'esprit ou que vous voyez dans la rue, dans une revue... Faites-en la source de votre inspiration poétique : à côté des poèmes des autres, composez vos propres poèmes, longs ou courts, expressions achevées ou fragments, c'est un brouillon pour vos poèmes futurs. Ne vous forcez surtout pas à trouver des rimes, c'est une contrainte qui peut rendre mala-droits vos textes.
- Réduisez l'un des poèmes de cette anthologie en haïku : ne gardez que l'essentiel en trois vers courts.
- Sur le modèle du poème de Pierre Louÿs (p. 75), transformez un conte en un poème en prose de quatre strophes.
- Utilisez toutes les possibilités offertes par un trai-tement de texte pour donner une mise en page moderne au poème « Fenêtres ouvertes » de Victor Hugo (p. 36) : n'hésitez pas à jouer avec le blanc de la page, à utiliser des polices de caractères diffé-

rentes et à composer avec les gras, les italiques et les couleurs.

- Commencez un poème par l'un des vers suivants : «Voici ce que je vis» (Nerval) ou «J'entends des voix» (Victor Hugo).

- Écrivez un poème sur un élément mathématique : employez le vocabulaire technique précis que vous utilisez dans cette discipline et proposez un poème sur une notion du programme : les parallélogrammes, la symétrie, les divisions… N'hésitez pas à demander des conseils ou son avis à votre professeur de mathématiques. Vous pouvez ensuite réunir vos poèmes en recueil.

- Appliquez la recette de Tristan Tzara pour écrire un poème dadaïste :

«Pour faire un poème dadaïste
Prenez un journal
Prenez des ciseaux
Choisissez dans ce journal un article ayant la longueur que vous comptez donner à votre poème.
Découpez l'article.
Découpez ensuite avec soin chacun des mots qui forment cet article et mettez-les dans un sac.
Agitez doucement.
Sortez ensuite chaque coupure l'une après l'autre dans l'ordre où elles ont quitté le sac.
Copiez consciencieusement. »

### Collège

Paul VERLAINE, *Fêtes galantes* (38)

Jules VERNE, *Le Tour du monde en 80 jours* (32)

H. G. WELLS, *La Guerre des mondes* (116)

Oscar WILDE, *Le Fantôme de Canterville* (22)

Oscar WILDE, *Le Portrait de Dorian Gray* (255)

Richard WRIGHT, *Black Boy* (199)

Marguerite YOURCENAR, *Comment Wang-Fô fut sauvé et autres nouvelles* (100)

Émile ZOLA, *3 nouvelles* (141)

## Lycée

### Série Classiques

*Anthologie du théâtre français du 20ᵉ siècle* (220)

*Écrire sur la peinture* (anthologie) (68)

*Les grands manifestes littéraires* (anthologie) (175)

*L'intellectuel engagé* (anthologie) (219)

*La poésie baroque* (anthologie) (14)

*Le sonnet* (anthologie) (46)

*L'Encyclopédie* (textes choisis) (142)

Guillaume APOLLINAIRE, *Alcools* (238)

Honoré de BALZAC, *La Peau de chagrin* (11)

Honoré de BALZAC, *La Duchesse de Langeais* (127)

Honoré de BALZAC, *Le roman de Vautrin* (textes choisis dans *La Comédie humaine*) (183)

Honoré de BALZAC, *Le Père Goriot* (204)

Honoré de BALZAC, *La Recherche de l'absolu* (224)

René BARJAVEL, *Ravage* (95)

Charles BAUDELAIRE, *Les Fleurs du mal* (17)

Charles BAUDELAIRE, *Le Spleen de Paris* (242)

BEAUMARCHAIS, *Le Mariage de Figaro* (128)

Aloysius BERTRAND, *Gaspard de la nuit* (207)

Vincent VAN GOGH, *Lettres à Théo* (52)
VOLTAIRE, *Candide* (7)
VOLTAIRE, *L'Ingénu* (31)
VOLTAIRE, *Micromégas* (69)
Émile ZOLA, *Thérèse Raquin* (16)
Émile ZOLA, *L'Assommoir* (140)
Émile ZOLA, *Au Bonheur des dames* (232)
Émile ZOLA, *La Bête humaine* (239)

### Série Philosophie

*Notions d'esthétique* (anthologie) (110)
*Notions d'éthique* (anthologie) (171)
ALAIN, *44 Propos sur le bonheur* (105)
Hannah ARENDT, *La Crise de l'éducation*, extrait de *La Crise de la culture* (89)
ARISTOTE, *Invitation à la philosophie (Protreptique)* (85)
Saint AUGUSTIN, *La création du monde et le temps* – « Livre XI, extrait des *Confessions* » (88)
Walter BENJAMIN, *L'œuvre d'art à l'époque de sa reproductibilité technique* (123)
Émile BENVENISTE, *La communication*, extrait de *Problèmes de linguistique générale* (158)
Albert CAMUS, *Réflexions sur la guillotine* (136)
René DESCARTES, *Méditations métaphysiques* – « 1, 2 et 3 » (77)
René DESCARTES, *Des passions en général*, extrait des *Passions de l'âme* (129)
René DESCARTES, *Discours de la méthode* (155)
Denis DIDEROT, *Le Rêve de d'Alembert* (139)
Émile DURKHEIM, *Les règles de la méthode sociologique* – « Préfaces, chapitres 1, 2 et 5 » (154)
ÉPICTÈTE, *Manuel* (173)

Michel FOUCAULT, *Droit de mort et pouvoir sur la vie*, extrait de *La Volonté de savoir* (79)

Sigmund FREUD, *Sur le rêve* (90)

Thomas HOBBES, *Léviathan* – «Chapitres 13 à 17» (111)

David HUME, *Dialogues sur la religion naturelle* (172)

François JACOB, *Le programme* et *La structure visible*, extraits de *La logique du vivant* (176)

Emmanuel KANT, *Des principes de la raison pure pratique*, extrait de *Critique de la raison pratique* (87)

Emmanuel KANT, *Idée d'une histoire universelle au point de vue cosmopolitique* (166)

Étienne de LA BOÉTIE, *Discours de la servitude volontaire* (137)

G. W. LEIBNIZ, *Préface aux Nouveaux essais sur l'entendement humain* (130)

Claude LÉVI-STRAUSS, *Race et histoire* (104)

Nicolas MACHIAVEL, *Le Prince* (138)

Nicolas MALEBRANCHE, *La Recherche de la vérité* – «De l'imagination, 2 et 3» (81)

MARC AURÈLE, *Pensées* – «Livres II à IV» (121)

Karl MARX, *Feuerbach. Conception matérialiste contre conception idéaliste* (167)

Maurice MERLEAU-PONTY, *L'Œil et l'Esprit* (84)

Maurice MERLEAU-PONTY, *Le cinéma et la nouvelle psychologie* (177)

John Stuart MILL, *De la liberté de pensée et de discussion*, extrait de *De la liberté* (122)

Friedrich NIETZSCHE, *La «faute», la «mauvaise conscience» et ce qui leur ressemble (Deuxième dissertation)*, extrait de *La Généalogie de la morale* (86)

Friedrich NIETZSCHE, *Vérité et mensonge au sens extramoral* (168)

Pour plus d'informations,
consultez le catalogue à l'adresse suivante :
http://www.gallimard.fr